METODOLOGIA DO ENSINO DE FILOSOFIA

Uma didática para o ensino médio

SÍLVIO GALLO

METODOLOGIA DO ENSINO DE FILOSOFIA
Uma didática para o ensino médio

Capa	Fernando Cornacchia
Foto de capa	Rennato Testa
Coordenação	Ana Carolina Freitas e Beatriz Marchesini
Copidesque	Beatriz Marchesini
Diagramação	DPG Editora
Revisão	Ademar Lopes Jr., Daniele Débora de Souza e Isabel Petronilha Costa

Dados Internacionais de Catalogação na Publicação (CIP)
(Câmara Brasileira do Livro, SP, Brasil)

Gallo, Sílvio
   Metodologia do ensino de filosofia: Uma didática para o ensino médio/Sílvio Gallo – Campinas, SP: Papirus, 2012.

Bibliografia.
ISBN 978-85-308-0951-5

1. Filosofia – Estudo e ensino I. Títul

12-02955   CDD-107

Índices para catálogo sistemático:
1. Filosofia: Estudo e ensino   107

1ª Edição – 2012
9ª Reimpressão – 2025
Tiragem: 100 exs.

Exceto no caso de citações, a grafia deste livro está atualizada segundo o Acordo Ortográfico da Língua Portuguesa adotado no Brasil a partir de 2009.

Proibida a reprodução total ou parcial da obra de acordo com a lei 9.610/98. Editora afiliada à Associação Brasileira dos Direitos Reprográficos (ABDR).

DIREITOS RESERVADOS PARA A LÍNGUA PORTUGUESA:
© M.R. Cornacchia Editora Ltda. – Papirus Editora
R. Barata Ribeiro, 79, sala 316 – CEP 13023-0   – Vila Itapura
Fone: (19) 3790-1300 – Campinas – São Paulo – Brasil
E-mail: editora@papirus.com.br – www.papirus.com.br

Sumário

Apresentação 11

Prólogo 19
A filosofia nos "tempos hipermodernos" 22
A filosofia na escola 27
Ensino de filosofia e táticas de resistência 31

1. As múltiplas compreensões da filosofia e seu ensino 35
A especificidade da filosofia e seu ensino 37
Da "ensinabilidade" da filosofia 40
Da "aprendizibilidade" da filosofia 45
A defesa de um ensino ativo 48

2. A filosofia como criação de conceitos 53
Da especificidade da filosofia 53
Filosofia, pensamento e criação 57
As três potências do pensamento: Relações da filosofia
com a arte e a ciência 64

3. Problema e conceito: Problematização e ensino de filosofia 69
O problema como motor do pensamento 71

Experimentar o problema, produzir o conceito 79
Por um ensin o de filosofia como experiência do pensamento 82

4. Ensino de filosofia e criação de conceitos: Possibilidades didáticas 85
Educar não é "questão de método" 86
A aula de filosofia como "oficina de conceitos" 91
Ensino de filosofia, uma pedagogia do conceito: Os quatro passos didáticos 94
Dois exemplos didáticos 98
Um "método regressivo" para o ensino de filosofia 107
Pistas para um "método regressivo" no ensino de filosofia 111
Pensamento e emancipação: Ter direito aos próprios problemas 115

5. Para além da explicação: O professor e o aprendizado ativo da filosofia 119
Três possíveis eixos curriculares 122
A formação do professor de filosofia nos cursos de licenciatura 123
Professor de filosofia: Reprodutor do mesmo? 130
Professor de filosofia: Um mestre ignorante? 135
Professor de filosofia: As metamorfoses de Nietzsche 138

6. Recursos didáticos na aula de filosofia 141
O livro didático de filosofia 142
Compondo o arsenal... 147

Epílogo 153
Filosofia, paciência do conceito e resistência aos tempos hipermodernos 154
Filosofia na escola: Desafios 157

Referências dos textos do autor já publicados
que serviram de base (total ou parcialmente) para este livro 163

Referências bibliográficas 165

Para *Cedric Gallo*, que ao ensinar-me que "as ideias são coisas que ficam voando em sua cabeça" me fez ver a filosofia e o pensamento de outra maneira.

Mas o pensamento nunca é virgem: não paramos de passar sobre as pegadas que, se às vezes nos descaminham, na maioria das vezes também nos guiam. (...) Não é verdade que os caminhos de pensamento não levam a lugar nenhum. Mas aonde levam, disso só sabemos no fim – quando não há mais caminhos.

André Comte-Sponville, Uma educação filosófica, p. 9

Apresentação

> *Militar é agir. Pouco importam as palavras, o que interessa são os atos. É fácil falar, sobretudo em países onde as forças materiais estão cada vez mais na dependência das máquinas técnicas e do desenvolvimento das ciências.*
>
> Félix Guattari, "Somos todos grupelhos", *in* A revolução molecular

Meu envolvimento com o ensino de filosofia foi se construindo ao longo de minha trajetória profissional. Tendo atuado como professor de filosofia no ensino médio e sentindo o total despreparo para isso, apesar de ter cursado uma licenciatura na área (na PUC-Campinas), o problema do ensino de filosofia começou a constituir, para mim, um problema filosófico. Quando fui trabalhar na Universidade Metodista de Piracicaba, em 1990, em um curso também de licenciatura, minha intenção foi se tornando a de não repetir, ali, os equívocos que eu identificava no curso da PUC e que, parece-me, são comuns à maioria dos cursos de licenciatura em filosofia.

O problema consiste no fato de que os filósofos dão pouca ou nenhuma importância à questão do ensino. Os cursos preocupam-se em ensinar filosofia, transmitir o legado de sua história, às vezes preparando o pesquisador especializado nesse campo. E cumprem essa tarefa, de modo melhor ou pior, dependendo do caso. Mas não se importam com a formação do professor dessa disciplina. A tarefa de formar o professor é transferida para os Departamentos de Educação e suas didáticas e legislações, como se isso tudo nenhuma relação tivesse com a prática da filosofia. Essa foi a experiência que tive na PUC e é a experiência da imensa maioria dos estudantes de filosofia Brasil afora, pelo que tenho constatado.

Em meu curso de graduação tivemos uma disciplina de Didática Geral, sem nenhuma relação com a filosofia. Tivemos uma disciplina de Filosofia da Educação, mas que não focou as questões do ensino. Tivemos "as estruturas e os funcionamentos" da vida. E só. Formar o professor? Isso era considerado um problema superado. Certamente a situação não se repete exatamente como a vivi, mas os efeitos são geralmente os mesmos: pouco ou nenhum interesse dos docentes de filosofia na formação dos futuros professores, e completo despreparo destes quando se encontram em uma sala de aula. E a situação se agrava, pois como não há tradição do ensino de filosofia em nossas escolas nas últimas quatro décadas, não há um currículo estabelecido – qualquer conteúdo é virtualmente possível para as aulas dessa disciplina. Invadem então a mente do professor perguntas como: o que ensinar em filosofia? Como ensinar? Quais as estratégias? Como avaliar? Ora, tudo isso deveria ter sido trabalhado durante o curso de licenciatura, mas dificilmente o é.

Esse tipo de situação começou a incomodar alguns de nós, professores do curso de filosofia da Unimep. Se aquele era um curso de licenciatura, não poderíamos simplesmente afirmar que estávamos ali para ensinar filosofia, sem "sujar as mãos" com o problema do ensino. Eu, sobretudo, que ainda tinha muito fresca e viva minha experiência de estudante que não soube o que era estágio e depois se viu perdido na sala de aula, queria enfrentar esse problema, para não reproduzir a situação vivida como aluno no jovem curso, ainda não cheio de vícios, em que eu atuaria como professor.

A forma que encontramos para organizar o enfrentamento do problema foi a criação do Grupo de Estudos sobre Ensino de Filosofia

(Gesef), que começou a ser gestado em 1993, sendo formalmente implementado, com o apoio do Departamento e do Curso de Filosofia da Unimep, em março de 1995.

O grupo foi originariamente composto por professores da Unimep, professores das redes pública e privada de ensino da região, alunos do curso de filosofia da Unimep e de outras instituições. Coube a mim a tarefa de coordená-lo. Reuníamo-nos aos sábados, sem remuneração adicional, seja para os professores da universidade, seja para aqueles das redes de ensino. Desde a sua criação oficial, o Gesef organizou e promoveu anualmente os Encontros de Professores de Filosofia, sempre aos sábados, até o 7º Encontro, em novembro de 1999. Além de tais encontros, o Gesef promoveu, junto com a Delegacia de Ensino de Piracicaba e escolas particulares da cidade, oficinas pedagógicas sobre o ensino de filosofia. Em 2000 o grupo envolveu-se na realização do Congresso Brasileiro de Professores de Filosofia e, em 2002, organizou o I Simpósio sobre Ensino de Filosofia da Região Sudeste.

Em 1996, o Gesef começou a trabalhar na confecção de um livro didático de filosofia para o ensino médio, um de seus objetivos centrais, quando a Papirus manifestou interesse em publicá-lo. A nova Lei de Diretrizes e Bases da Educação Nacional estava em vias de aprovação no Congresso Nacional e havia indícios de uma definição da obrigatoriedade do ensino de filosofia. Com base no resultado das pesquisas que fizemos com os professores de filosofia da região de Piracicaba e nos questionários que distribuíamos nos encontros anuais de professores, fizemos um levantamento dos temas mais trabalhados em sala de aula. Em 1997, publicamos *Ética e cidadania: Caminhos da filosofia* – que, para nossa surpresa, em 1998 foi o vencedor do Prêmio Jabuti na categoria melhor livro didático.

Outro trabalho importante do Gesef foi a organização do Congresso Brasileiro de Professores de Filosofia, que aconteceu no *campus* Taquaral da Unimep, em novembro de 2000, contando com a participação de professores e especialistas do Brasil e do exterior. Os textos das principais intervenções ali apresentadas foram publicados em livro, com o título *Filosofia do ensino de filosofia* (Vozes, 2003, vol. VII da coleção "Filosofia na Escola"). O título do livro anuncia a tônica do que procuramos produzir com o congresso: um trabalho de natureza filosófica sobre o ensino de filosofia; ou, para dizer de outra maneira, tomar o ensino de filosofia como problema genuinamente filosófico.

Penso que este relato explicita o caminho tortuoso que me levou a ser capturado pelo tema do ensino de filosofia. Fui professor do ensino médio, sem ter planejado sê-lo; tornei-me professor do ensino superior justamente em um curso de formação de professores de filosofia; vivi o momento da euforia com a aprovação da LDB em 1996, que recolocava a filosofia nos currículos, mas também em seguida a decepção com essa medida inócua; fui puxado para o centro de uma discussão sobre o ensino de filosofia, tendo inclusive participado de uma sessão no Senado Federal a esse respeito. Não o escolhi como tema de pesquisa e de trabalho, mas, de certa maneira, fui empurrado para ele, fui forçado a trabalhá-lo. Lembro Deleuze, quando afirma em *Diferença e repetição* (2006a, pp. 193-205, *passim*) que há algo que nos força a pensar, que a instituição do pensamento é sempre uma violência, resultado de um encontro. Acomodados, não pensamos. Pois bem. Foi esse tipo de violência, de captura, de encontro que me forçou a pensar o ensino de filosofia.

Tendo sido capturado, como o macaco do conto de Kafka, tratava-se então de criar linhas de fuga. E o procurei fazer assumindo o problema, instalando-me nele para, pensando-o, produzir saídas. Na década de 1990, envolvi-me com as condições do ensino de filosofia na região de Piracicaba, com os encontros de professores, com a criação do Gesef e a produção de um livro didático; e a aproximação teórica que produzi para *pensar* o problema do ensino de filosofia foi o de sua relação com a cidadania. Sabemos que a Lei de Diretrizes e Bases da Educação afirma que o jovem deve ter acesso a conhecimentos de filosofia "necessários ao exercício da cidadania". Mas que cidadania é essa? Que filosofia é essa? Procurei analisar a questão e escrevi textos que apresentei no Congresso Internacional de Filosofia com Crianças e Jovens (Brasília, 1999), no Congresso Brasileiro de Professores de Filosofia (Piracicaba, 2000), em eventos em Buenos Aires e Montevidéu.

Quando fui convidado a participar do I Simpósio sobre Ensino de Filosofia da Região Sul, que aconteceu na Universidade de Passo Fundo em 2001, resolvi abordar o tema de outro prisma, de uma maneira mais propositiva. Tendo por premissa um livro que mudou minha maneira de ver a prática filosófica – *O que é a filosofia?*, de Gilles Deleuze e Félix Guattari –, procurei pensar as consequências, para o ensino de filosofia, de assumirmos a "definição" dada pelos autores franceses à disciplina: "conhecimento por puros conceitos" (1992, p. 15), na medida em que "a filosofia é a arte de formar, de inventar, de fabricar conceitos" (1992, p. 10). Escrevi o texto "Filosofia no ensino médio: Em busca de um mapa conceitual" tomando essa definição como princípio e problematizando o que é comum vermos em aulas de filosofia no ensino médio, o estímulo à discussão e ao debate. Com a crítica deleuzo-guattariana, procurei rever esse tipo de aula e propus uma "pedagogia do conceito": que a aula de filosofia fosse um trato direto com os conceitos. E como o que importa na filosofia é o fato de que ela é uma "atividade", um ato de criação, defendi que não basta ao professor dessa disciplina no ensino médio ser alguém que *apresente* os conceitos aos estudantes, mas é importante que ele seja uma espécie de mediador da relação direta de cada estudante com os conceitos. Para tal, procurei trabalhar a aula de filosofia como uma espécie de "oficina de conceitos".

O referido texto, apresentado como conferência de encerramento em Passo Fundo, em 2001, gerou um bom debate. Procurei então desenvolver mais o tema. No II Simpósio do Fórum Sul (Ijuí, 2002), expus o texto "A especificidade do ensino de filosofia: Em torno dos conceitos"; no III Simpósio (Curitiba, 2003), trabalhei o tema *O ensino de filosofia no contexto de uma "educação menor"*, focando o trabalho em sala de aula. Embora motivados principalmente pelos debates com o Fórum Sul, tais ideias foram apresentadas também em outros eventos e em outras regiões do país. Com frequência me era cobrada uma "didática da filosofia", isto é, se a filosofia consiste na criação de conceitos e se a aula de filosofia é o trato com os conceitos, então, como fazer? Como mediar a relação dos jovens estudantes do ensino médio, com todas as suas dificuldades, com os conceitos?

Ao enfrentar essas questões, cheguei a uma proposição de trabalhar com quatro passos didáticos, os quais permitiriam mediar essa relação, possibilitando aos estudantes que recriassem conceitos ou mesmo que criassem seus próprios conceitos.

Tenho discutido essa proposta didática em várias ocasiões. Uma delas foi com a Secretaria de Educação do Estado do Paraná, no processo de definição de sua matriz curricular para o ensino médio. Tive a oportunidade de discutir tal proposta com professores de filosofia daquele estado, a qual foi incorporada às diretrizes curriculares de filosofia. Os professores que procuram implementá-la têm relatado que os três primeiros passos são viáveis; porém, a conceituação é bastante difícil de ser atingida. De minha parte, gostaria de insistir nessa perspectiva, que considero viável, desde que nos empenhemos de fato nela. Porém, a continuidade dos meus estudos também tem me levado a procurar dar mais ênfase na etapa da problematização. Em texto que produzi em 2008 e apresentei em eventos no Brasil e na França, comecei a elaborar a ideia de um "método regressivo" para o ensino de filosofia. Segundo tal método, com base nos conceitos criados por um filósofo, poderíamos regredir aos problemas que o mobilizaram a tal pensamento, de modo que os estudantes possam compreender o *processo* do pensamento e da criação em filosofia.

Este livro é a consolidação desse percurso. A convite da Papirus, reuni aqui um conjunto de textos sobre ensino de filosofia, que venho produzindo desde 2000. Como estes textos estavam dispersos em diversos livros, coletâneas produzidas a partir de eventos sobre o tema, sua reunião aqui facilita o acesso dos leitores ao conjunto. Não quis, porém, simplesmente agrupar os textos, mantendo sua singularidade. Em parte, porque muita coisa ficaria repetitiva, em parte porque penso que o conjunto ficaria muito fragmentado. Optei então por procurar compor efetivamente um livro, reorganizando os textos, recortando-os, mudando partes de lugar e escrevendo partes novas, a fim de dar coerência às partes que foram rearticuladas.

O resultado foi a materialização do trabalho de uma década em torno da construção de uma didática filosófica do ensino de filosofia, que implica uma discussão teórica sobre a filosofia, os sentidos de seu ensino e de seu aprendizado, bem como a reflexão em torno de atividades práticas que possam viabilizar esse ensino e sua experimentação em sala de aula.

Embora a ideia de metodologia esteja evidenciada já no título do livro, o leitor perceberá, ao longo de suas páginas, que não se compreende o método, aqui, como algo estanque, como uma indicação fechada de um caminho. Ao contrário, como na citação de Comte-Sponville que coloquei como epígrafe, nós só conhecemos os caminhos do pensamento depois que os trilhamos. Os caminhos de uma metodologia para o ensino de filosofia também são dessa natureza. Estão abertos e não há intenção de fechá-los, mas sim de convidar os professores para, com base nas questões aqui trabalhadas, abrir ainda outros caminhos.

O percurso aqui trilhado fundamenta-se em uma discussão da atualidade e de suas implicações para o ensino de filosofia nestes "tempos hipermodernos"; transita pelas diferentes compreensões da filosofia e de suas relações com o ensino; toma posição ao defender a filosofia como "atividade de criação de conceitos"; problematiza as noções de problema e de conceito, com vistas ao ensino de filosofia; apresenta duas possibilidades didáticas para se trabalhar essa perspectiva em sala de aula; discute as questões relativas ao professor de filosofia e ao uso de recursos didáticos; e conclui enunciando alguns desafios contemporâneos para o ensino de filosofia no Brasil. Ao final, estão referenciados os textos já publicados que foram usados, no todo ou em parte, para a composição desta obra.

Espero que o professor de filosofia possa encontrar aqui material para seu pensamento e para sua ação nas aulas de filosofia em nossas salas de ensino médio, Brasil afora. Como afirmou Guattari, lembrado na epígrafe que abre esta apresentação, as palavras não importam tanto, importa a ação. Este livro é um convite à ação do professor de filosofia na sala de aula. Não um mapa de que caminhos seguir, mas uma bússola que possa auxiliá-lo a construir seus próprios caminhos, sem se perder na imensidão do horizonte.

Sílvio Gallo
dezembro de 2011

Prólogo

Em *Ecce Homo: Como alguém se torna o que é*, obra de 1888, Nietzsche fez uma espécie de autobiografia intelectual, apresentando um balanço de sua vida e de seus escritos. Sobre o exercício da filosofia, no Prólogo, § 3, ele escreveu que: "(...) filosofia, tal como até agora a entendi e vivi, é a vida voluntária no gelo e nos cumes – a busca de tudo o que é estranho e questionável no existir, de tudo o que a moral até agora baniu" (1995, p. 18). Dito de outra maneira, a filosofia é um exercício de e na solidão.

Nesse contexto, devemos perguntar: a filosofia, esse exercício de solidão, é "ensinável"? É "aprendível"? É transmissível, feito um vírus, que passa de um indivíduo a outro, ou mesmo de um indivíduo a muitos outros? Ou devemos nos resignar a admitir que a filosofia não se transmite, não se ensina, não se aprende?

Pretendo, neste livro, discutir essas questões e suas implicações. Gosto de dizer a meus alunos que, vários anos atrás, fui picado pelo "mosquito da filosofia"; e que aqueles que também o forem dificilmente conseguirão livrar-se dessa espécie de doença, para a qual ainda não se inventou remédio... Estou, pois, convencido de que é possível ensinar filosofia, e também de que é possível aprender filosofia. Que é possível socializar esse exercício de solidão. Mas não podemos nos acomodar a certezas fáceis: precisamos questioná-las, de novo e uma vez mais. É o que os convido a fazer aqui, por meio desta leitura.

Começarei por discutir a "ensinabilidade" da filosofia, buscando superar a célebre discussão sobre se ensinamos a filosofia ou se ensinamos a filosofar. Isso feito, precisaremos ainda interrogar: há algo de específico em ensinar filosofia? Ou, para dizer de outro modo: ao praticarmos o ensino de filosofia, nós o fazemos servindo-nos de uma "didática geral" (lembremos Comenius e sua proposta de uma "arte de se ensinar *tudo* a *todos*"...) ou de uma "didática específica"? O ponto de vista que desenvolverei aqui está amparado na perspectiva de que a especificidade da filosofia – e, portanto, também de seu ensino – está no ato de criação de conceitos.

É esse ato que faz da filosofia propriamente filosofia. Assim sendo, se desejamos um ensino de filosofia "filosófico", precisamos desenvolvê-lo mediante o trato com os conceitos. Desse modo, minha proposta é a de que se organize a aula de filosofia como uma espécie de "oficina de conceitos", na qual professor e estudantes manejem os conceitos criados na história da filosofia como ferramentas a serviço da resolução de problemas e, com base em problemas específicos, busquem também criar conceitos filosóficos.

***

Quando pensamos sobre o ensino de filosofia na educação básica, a primeira referência são os dispositivos legais. Sabemos que a Lei de Diretrizes e Bases da Educação (lei n. 9.394/96) dispõe uma perspectiva *instrumental* para a filosofia no ensino médio: oferecer os "conhecimentos filosóficos necessários ao exercício da cidadania" (art. 36, § 1º, inciso III). Numa direção um tanto diferente, embora se baseiem no dispositivo legal e o problematizem, os Parâmetros Curriculares Nacionais para o Ensino Médio apontam para a filosofia como um domínio crítico da cultura ocidental. Isso fica evidenciado quando o documento expõe as "competências e habilidades a serem desenvolvidas em Filosofia":

- "ler textos filosóficos de modo significativo";
- "ler, de modo filosófico, textos de diferentes estruturas e registros";
- "elaborar por escrito o que foi apropriado de modo reflexivo";
- "debater, tomando posição, defendendo-a argumentativamente e mudando de posição face a argumentos mais consistentes";
- "articular conhecimentos filosóficos e diferentes conteúdos e modos discursivos nas Ciências Naturais e Humanas, nas Artes e em outras produções culturais";
- "contextualizar conhecimentos filosóficos, tanto no plano de sua origem específica, quanto em outros planos: o pessoal-biográfico; o entorno sócio-político, histórico e cultural; o horizonte da sociedade científico-tecnológica". (Brasil-MEC/SEMT 1999, p. 125)

Nos demais documentos de orientação produzidos pelo Ministério da Educação, a tônica da formação para a cidadania, bem como a preocupação em definir as competências e habilidades a serem desenvolvidas pela filosofia são retomadas.[1]

Ora, desde Aristóteles a filosofia se define como um fim em si mesmo, e não como um meio para atingir um objetivo determinado.[2] Justificar um

---

1. Refiro-me às Orientações Educacionais Complementares aos Parâmetros Curriculares Nacionais – PCN+ (Brasil-MEC/SEMT 2002) e às Orientações Curriculares para o Ensino Médio – Ocem (Brasil-MEC/SEB 2006).
2. Por exemplo, em seu *Protrepticus*, no qual convida um rei ao exercício da filosofia, o filósofo escreveu: "Por conseguinte, entre os pensamentos, os dignos de escolha devido à contemplação pura são mais honrosos e superiores àqueles que são úteis a outras coisas. Mas as contemplações são honrosas em si mesmas e, entre elas, é o saber da inteligência que é digno de escolha, enquanto os pensamentos relativos à sabedoria são honrosos graças às ações [decorrentes deles]. Assim sendo, o bom e honroso estão nas atividades contemplativas referentes ao saber, e com certeza não, repitamos, em quaisquer atividades contemplativas" (Aristóteles 2001, p. 157). Páginas adiante, lemos: "Efetivamente, entre as coisas sem as quais é impossível viver, aquelas que amamos por outras coisas devem ser chamadas de coisas necessárias e causas auxiliares, ao passo que aquelas que amamos por si mesmas, quando realmente nada mais delas sairiam, é preciso chamar de coisas soberanamente boas. (...) É, portanto, de todo ridículo procurar em *toda* coisa algo além da coisa em si, ou seja, um lucro, e perguntar: 'Pois então, que lucramos com isso?', 'Que utilidade tem?'. Porque realmente, repetimos isso, um indivíduo que age assim não se parece

espaço para a filosofia nos currículos da educação básica apenas de modo instrumental – isto é, a filosofia a serviço de algo, como a cidadania – é, portanto, essencialmente antifilosófico. Considerando a argumentação presente nos PCNEM – que vê na filosofia uma preparação abrangente do indivíduo, fazendo parte de sua introdução no universo da cultura e das técnicas para aí transitar –, prefiro apostar no ensino de filosofia como um fim em si mesmo, para além de qualquer tutela, seja ela cidadã ou moral.

Nessa direção, penso que podemos investir em pensar a educação filosófica como uma forma de resistência. Resistência ao momento presente, momento de contínua aceleração, no qual nada mais é duradouro; e resistência à opinião generalizada, ao jogo daqueles que tudo sabem sobre todas as coisas. Resistência singular de si mesmo contra um mundo de finalidades generalizadas. Dizendo de outro modo, reivindico a possibilidade de afirmarmos: "conheço filosofia *e* sou cidadão", em vez de "sou cidadão *porque* conheço filosofia".

A filosofia nos "tempos hipermodernos"

Será o tempo em que vivemos propício ao exercício filosófico? O filósofo contemporâneo Gilles Lipovetsky, que já foi um dos arautos da pós-modernidade, em obra lançada em 2004, propôs uma revisão de suas teses anteriores, afirmando que a pós-modernidade foi nada mais que um momento de transição, que já passou, e que hoje vivemos no que ele chamou de "tempos hipermodernos", um momento histórico em que as teses e os modelos da modernidade foram não superados, mas hiperbolizados, elevados à enésima potência. Vejamos brevemente como ele caracteriza o presente momento:

> Nasce toda uma cultura hedonista e psicologista que incita à satisfação imediata das necessidades, estimula a urgência dos prazeres, enaltece

---

em nada com aquele que sabe o que é belo e bom, tampouco com aquele que faz a distinção entre causa e causa auxiliar" (Aristóteles 2001, pp. 160-161).

o florescimento pessoal, coloca no pedestal o paraíso do bem-estar, do conforto e do lazer. Consumir sem esperar; viajar; divertir-se; não renunciar a nada; as políticas do futuro radiante foram sucedidas pelo consumo como promessa de um futuro eufórico. (Lipovetsky 2004, p. 61)

E seu impacto sobre nossa vida e nossa cultura:

No universo da pressa, dizem, o vínculo humano é substituído pela rapidez; a qualidade de vida, pela eficiência; a fruição livre de normas e de cobranças, pelo frenesi. Foram-se a ociosidade, a contemplação, o relaxamento voluptuoso: o que importa é a auto-superação, a vida em fluxo nervoso, os prazeres abstratos da onipotência proporcionados pelas intensidades aceleradas. Enquanto as relações reais de proximidade cedem lugar aos intercâmbios virtuais, organiza-se uma cultura de hiperatividade caracterizada pela busca de mais desempenho, sem concretude e sem sensorialidade, pouco a pouco dando cabo dos fins hedonistas. (*Idem*, pp. 80-81)

Vivemos em nossas salas de aula um aspecto dessa aceleração de que nos fala Lipovetsky. Onde está o tempo para a leitura, o tempo para a meditação, para a reflexão? Tudo são fluxos cada vez mais acelerados, o padrão das edições aceleradas de imagens que vemos em canais como a MTV e nos programas para adolescentes, como se a vida fosse um eterno videoclipe, uma sucessão de *zappings* nervosos no controle remoto. Tudo é fruição imediata, sem tempo para o pensamento organizado.

Ora, sabemos que o pensamento é um exercício de paciência. Se o exercício do filosofar, o trato com o conceito, é um empreendimento de paciência, ele está fora de nosso tempo. Mas o exercício do filosofar consiste também em insistir no extemporâneo, em trazer para o tempo presente as inquietações que não são deste tempo. Exercitar o filosofar em nossos dias é, pois, uma forma de resistir a essa aceleração, a essa fluidez, a essa falta de tempo para o conceito. E ensinar o exercício da filosofia é uma forma de militar nessa resistência, ampliando-a para mais pessoas.

Mas os nossos tempos hipermodernos são também os tempos da opinião generalizada, divulgada, difundida. Se no século XVI Descartes afirmava ser o bom-senso a coisa mais difundida entre os homens,[3] hoje podemos dizer ser a opinião o mais comum entre nós. Talvez seja esse o principal legado da democracia moderna: a democratização da palavra *na* e *pela* opinião.

Se os meios de comunicação de massa, como a imprensa, o rádio e a televisão, já vinham, ao longo do século XX, construindo o império da opinião, com os recursos da informática isso também foi hiperbolizado: grassam nos sítios da internet as enquetes. Você é chamado a opinar sobre qualquer coisa, com os mais diversos tipos de pesquisas e questionários; e é convidado a conhecer instantaneamente, *real time*, o resultado, como forma de confrontar sua opinião com a da maioria. Podemos querer mais democracia?

Por que razão a opinião é tão atrativa? Por que nos agarramos a ela com tal facilidade e com tamanha força? Os filósofos contemporâneos franceses Gilles Deleuze e Félix Guattari nos oferecem uma resposta: "perdemos sem cessar nossas idéias. É por isso que queremos tanto agarrarmo-nos a opiniões prontas" (1992, p. 259). A dificuldade do pensamento, o tempo necessário para seu exercício, as ideias que nos escapam; tudo isso nos aproxima do caos, que nos apavora. E é para fugir do caos que nos agarramos às opiniões; elas nos oferecem uma proteção contra o caos. Se sabemos algo sobre qualquer coisa, se podemos opinar sobre algum assunto nas pesquisas *on-line*, temos a impressão de que estamos no controle, de que conseguimos afastar o caos.

Mas a opinião é um engodo; nossa fuga do caos é apenas aparente. Uma vez mais vale lembrar os filósofos franceses: "a luta com o caos só é o instrumento de uma luta mais profunda contra a opinião, pois é da opinião que vem a desgraça dos homens" (*idem*, p. 265). Deleuze e Guattari afirmam que não é possível vencer o caos, é preciso aprender a viver com ele, tirando

---

3. Logo no início do *Discurso do método*, lemos: "O bom senso é a coisa do mundo melhor partilhada, pois cada qual pensa estar tão provido dele, que mesmo os que são mais difíceis de contentar com outra coisa não costumam desejar tê-lo mais do que o têm" (Descartes 1983, p. 29).

dele potencialidades de pensamento. As três potências que atravessam o caos são a arte, a ciência e a filosofia. A esse tema voltaremos adiante.

Praticar filosofia, ensinar o exercício filosófico em nossos dias é, pois, uma segunda resistência: a resistência contra a opinião, que anuncia pôr ordem no mundo. O exercício filosófico é assim um exercício de desestabilização, de saída da falsa segurança na opinião e de mergulhar no caos do não pensamento para, pensando, produzir equilíbrios possíveis, sempre instáveis, sempre dinâmicos.

***

Algumas questões se impõem: como produzir resistência pelo ensino de filosofia? Como resistir à aceleração dos tempos modernos e ao império da opinião?

Para tratar dessa problemática, penso ser necessário operar um deslocamento da perspectiva de análise. De modo geral, as pesquisas e as práticas em torno do ensino de filosofia no Brasil, desde a década de 1990 (sobretudo em sua segunda metade), têm estado voltadas para a "grande educação", para uma "educação maior". Para potencializar a resistência é necessário, penso, explorar a problemática do ensino de filosofia no contexto de uma "educação menor".

Uma explicação prévia necessária. Ao falar em "educação menor", estou operando um *deslocamento conceitual* em relação ao jogo "literatura maior" e "literatura menor", que Deleuze e Guattari inventaram para analisar a obra de Franz Kafka. Minha intenção é a de promover um jogo conceitual entre uma "educação maior" e uma "educação menor", tratando do ensino de filosofia neste segundo âmbito, uma vez que a produção até aqui tem se restringido ao primeiro âmbito.

Em *Kafka: Por uma literatura menor*, publicado na França em 1975, três anos depois de *O anti-Édipo*, sua primeira obra conjunta, Deleuze e Guattari analisaram a obra de Kafka como uma literatura de resistência. Para tanto, criaram os conceitos de "literatura maior", aquela produzida numa língua estabelecida, segundo os padrões culturais de um povo ou nação, e de "literatura menor", aquela – como a de Kafka – produzida no contexto de uma língua maior, estabelecida, mas que a subverte, cria nela linhas de fuga, faz dela trincheiras de resistência, de minoridade. Lembremos que Kafka era um judeu tcheco escrevendo em alemão, dada a dominação prussiana em sua região. A obra de Kafka é uma subversão e uma resistência à literatura alemã; em outras palavras, uma "literatura menor".

Como pensar a relação maior/menor no âmbito da educação?[4] Se uma educação maior é aquela do âmbito das políticas de ensino gestadas nos ministérios e secretarias, a dos grandes planos, dos macroplanejamentos, uma educação menor é aquela que se pratica nas salas de aulas, entre as quatro paredes, no âmbito do pequeno, como resistência, como produção de algo que se coloca para além e para aquém das grandes políticas. Assim como uma literatura menor se instala como parasita no contexto de uma língua estabelecida, alimentando-se dela para gerar resistência, uma educação menor instala-se no interior de um espaço escolar produzido e gerido pela educação maior, mas como um vírus, oferecendo resistência e roendo por dentro essa educação maior.

Uma educação menor é um empreendimento de militância. Vale lembrar que um importante filósofo político da atualidade, Antonio Negri, tem afirmado que este é um tempo de militantes, mais do que de profetas.[5] Os grandes atores na política, hoje, não são os da macropolítica, os profetas que anunciam o porvir, mas sim os da micropolítica, os militantes que produzem o presente e possibilitam o futuro. Assim, a educação menor é fruto da ação militante de professores em sala de aula, agindo em surdina, sem grandes alardes, mas muitas vezes produzindo algo nem mesmo suspeitado pelas "grandes políticas", apesar delas e para além delas.

Penso que, no caso do ensino de filosofia, é tempo de nos preocuparmos menos em justificá-la, afirmando a necessidade de sua presença, para nos dedicarmos mais a uma intensa militância em nossas próprias salas de aula, a qual possa produzir efeitos importantes. "Escrever como um cão que faz seu buraco, um rato que faz sua toca", propuseram

---

4. Desenvolvi essa questão em alguns artigos e no livro *Deleuze & a educação* (Gallo 2008).
5. Ver Antonio Negri e Michael Hardt, *Império*; ou Antonio Negri, *Exílio*.

Deleuze e Guattari (1977, p. 28), falando de Kafka; ensinemos filosofia, então, como cães cavando buracos, ratos fazendo tocas.

A filosofia na escola

A presença da filosofia na escola não é um empreendimento tranquilo. Muitos são os obstáculos a serem superados para que essa presença seja possível; sobretudo porque, quando uma instituição opta por incluir filosofia em seu currículo ou quando uma política educacional dispõe sobre a inclusão da filosofia nos currículos escolares, isso se faz em nome de uma certa filosofia e em nome de certas intenções para com a filosofia. Dizendo de outra maneira, quando está na escola, a filosofia ali está para atender a determinados interesses, para cumprir uma necessidade "ideológica". Como, por exemplo, no caso brasileiro contemporâneo, que explicita suas intenções na Lei de Diretrizes e Bases da Educação Nacional. Como já vimos, não é qualquer filosofia, portanto, que a lei determina que esteja presente nas escolas de ensino médio.

Nesse contexto de uma educação maior, geralmente o que vemos é uma filosofia deslocada da vida e do cotidiano. Ou é uma filosofia voltada para a erudição ou então para o "exercício da cidadania", por exemplo. Conhecemos a dura crítica que Nietzsche dirigiu ao ensino enciclopédico de história da filosofia nas escolas médias e nas universidades alemãs em sua época, mas nunca é demais relembrá-lo:

> E afinal de contas, o que importa a nossos jovens a história da filosofia? Devem eles ser desencorajados a ter opiniões, diante do montão confuso de todas as que existem? Devem eles também ser ensinados a entoar cantos jubilosos pelo muito que já tão magnificamente construímos? Devem eles porventura aprender a odiar e a desprezar a filosofia? E se ficaria quase tentado a pensar nesta última alternativa, quando se sabe como, por ocasião dos seus exames de filosofia, os estudantes têm de se martirizar, para imprimir nos seus pobres cérebros as idéias mais loucas

e mais impertinentes do espírito humano junto com as mais grandiosas e as mais difíceis de captar. A única crítica de uma filosofia que é possível e que além disso é também a única que demonstra algo, quer dizer, aquela que consiste em experimentar a possibilidade de viver de acordo com ela, esta filosofia jamais foi ensinada nas universidades: sempre se ensinou apenas a crítica das palavras pelas palavras. E agora, que se imagine uma mente juvenil, sem muita experiência de vida, em que são encerrados confusamente cinquenta sistemas reduzidos a fórmulas e cinquenta críticas destes sistemas – que desordem, que barbárie, que escárnio quando se trata da educação para a filosofia! De fato, todos concordam em dizer que não se é preparado para a filosofia, mas somente para um prova de filosofia, cujo resultado, já se sabe, é normalmente que aquele que sai desta prova – eis que é mesmo uma provação – confessa para si com um profundo suspiro de alívio: "Graças a Deus, não sou um filósofo, mas um cristão e cidadão do meu país!". (2003, pp. 212-213)

Assim, parece que a presença da filosofia da "educação maior", aquela prevista e determinada pelas políticas educacionais, nem sempre é uma presença desejável, que faça sentido e contribua para a vida cotidiana de nossos jovens. Devemos apostar e investir na presença de uma filosofia viva, produtiva e criativa, não um arremedo de almanaque, algo como "tudo o que você precisa saber sobre filosofia"... Mas o exercício de uma filosofia viva, produtiva, criativa é um ato de "educação menor"; é um ato de militância do professor, que se coloca para aquém e para além da "educação maior".

André Comte-Sponville, numa palestra para professores de filosofia da educação média francesa, assim colocou a questão:

Os professores de filosofia esperam legitimamente da escola que ela torne o ensino de filosofia pelo menos possível – cabe a eles torná-lo vivo. E é verdade que essa incumbência que é nossa se choca cada vez mais, no terceiro colegial e em outras turmas, contra certo número de evoluções inquietantes: a crescente incultura dos alunos, seu domínio deficiente da língua escrita, a desvalorização (de parte deles, mas também, infelizmente, de muitos colegas) da abstração e do trabalho conceitual, o culto ingênuo da vivência do concreto e da espontaneidade... Tudo isso ameaça, é verdade, tornar em breve nosso ensino quase impossível – ou, em todo caso, sem efeito – e fazer de nossas aulas não mais um lugar de reflexão e trabalho mas, como já se diz, de *intercâmbios*, de *animação*, de *comunicação*... Os debates de opiniões substituiriam então o estudo dos textos, a impaciência presunçosa dos falsos saberes triunfaria sobre a paciência do conceito e a filosofia se apagaria, enfim, diante de uma *filodoxia*... Seria o triunfo dos sofistas e do *grande animal*. (2001, p. 135)

Embora de forma muito distinta, parece-me que as preocupações de Comte-Sponville com o ensino médio francês contemporâneo alinham-se com as preocupações de Nietzsche com o ensino alemão de mais de um século atrás. E vale lembrar que Comte-Sponville é de uma geração de filósofos franceses que têm procurado negar a influência nietzschiana, em nome de uma tradição clássica.[6] O filósofo alemão do século XIX criticava um ensino de filosofia inócuo, que mais servia para afastar da filosofia, por ser meramente enciclopédico, uma erudição falsa, uma característica do que ele chamou de cultura filisteia. O filósofo francês contemporâneo, por sua vez, assinala os perigos de uma vulgarização; os perigos de, em nome de torná-lo mais agradável, transformar o ensino de filosofia em atividades de comunicação, de animação, de troca de ideias. Não conhecemos também nós no Brasil esse risco? Não conhecemos também colegas que defendem que a aula de filosofia deva ser um espaço de debates, a reprodução de uma *ágora* grega, sendo esse o sentido intrínseco da filosofia? Mas aí, com Comte-Sponville, perguntamos: onde fica o conceito? Onde fica o trabalho do pensamento? Sem o conceito e sem o pensamento, o debate de ideias se esvazia, limita-se a debate de opiniões. E, nesse contexto, onde estará a filosofia?

O desafio, que de formas distintas nos colocam Nietzsche e Comte-Sponville, consiste em criar formas de trabalhar a filosofia que não sejam

---

6. André Comte-Sponville é um dos autores de *Porque não somos nietzscheanos*, obra que reúne uma geração de filósofos franceses que optam pela filosofia clássica em detrimento de Nietzsche e dos nietzschianos franceses, como Klossowski, Deleuze, Foucault e Derrida, para citar apenas os mais importantes.

meramente enciclopédicas nem que, por outro lado, caiam no vazio das opiniões. Nem sejam irremediavelmente chatas, nem um circo de debates vazios. Mas uma filosofia prática, um conjunto de ferramentas que os jovens percebam como essenciais em sua luta pela sobrevivência cotidiana. E isso nenhuma política educacional, nenhuma "grande educação" é capaz de prever e promover sem o concurso direto do trabalho cotidiano do professor, isto é, sem o exercício de uma "educação menor".

É pertinente lembrar aqui Michel Onfray, outro filósofo francês contemporâneo – o qual, não por acaso, foi durante muitos anos professor de filosofia no ensino médio – que, inspirado em Nietzsche, aponta para o fato de que uma filosofia fechada em si mesma é inócua:

> O pensamento pelo pensamento, a filosofia pelo único prazer da filosofia valem tanto quanto a arte pela arte: jogos que não inquietam os atores do capitalismo agressivo, grandes senhores e tolerantes enquanto se divertem os pensadores em colóquios, universidades, revistas ou editoras. A filosofia em circuito fechado, semelhante àquela que vive do sistema liberal, por e para ele, não causa nenhuma desordem, nenhum perigo, nenhum risco. Ela é tão tolerada quanto a segunda é encorajada. Uma preocupação pragmática supõe a submissão de cada idéia àquilo que ela pode produzir de efeitos dentro do real, às conseqüências suscetíveis de surgir nos fatos ou na história. (2001, p. 231)

Dizendo de outro modo, um ensino de filosofia vale pelos efeitos que pode produzir. É certo que, no âmbito das grandes políticas, da educação maior, planejam-se efeitos para a filosofia: fazer de todos cidadãos, mesmo que por cidadãos entendam-se os consumidores no mercado global. Não deixa de ser uma filosofia prática, alheia ao enciclopedismo. Mas, por outro lado, uma filosofia criativa, voltada para os problemas vividos, visando equacioná-los conceitualmente, pode ser potencialmente revolucionária. Pode ser uma arma de produção da autonomia, mesmo no contexto de uma sociedade de controle.

Ensino de filosofia e táticas de resistência

Vivemos uma *sociedade de controle*, para usar o termo proposto por Deleuze.[7] Nesse contexto, o ensino de filosofia preconizado na educação maior é também um instrumento de controle. Para que fazer de todos, cidadãos? Porque os excluídos da cidadania estão também excluídos das *formas democráticas de controle* (por mais paradoxal que tal expressão possa parecer). Filosofia para a cidadania; filosofia para o controle: eis o que nos propõe a educação maior.

Uma das características principais das sociedades de controle, mostrou Deleuze, é a aparente – e apenas aparente – sensação de liberdade. Um exemplo: já não preciso ir fisicamente ao banco, perder 30 minutos ou mais numa fila para movimentar minha conta corrente. Meus talões de cheques são entregues em casa, movimento minha conta, pago meus boletos etc. pelo telefone ou *on-line*, pela internet, de minha própria casa. Ora, sem dúvida alguma eu afirmaria que isso significou um ganho de liberdade em relação a um tempo em que isso ainda não era possível. Mas o preço dessa suposta liberdade é justamente o controle: nunca fui tão controlado, minhas informações financeiras nunca estiveram tão disponíveis quanto agora. Se quisermos, podemos fazer o exercício de pensar em como os processos de informatização dos fluxos acadêmicos nas escolas deram mais liberdade aos professores; mas também os fizeram mais controlados, mais reféns desses mesmos fluxos.

A esse processo de controle, podemos reagir; podemos opor resistência. Em entrevista a Toni Negri, em 1990, Deleuze afirmou que:

> Acreditar no mundo é o que mais nos falta; nós perdemos completamente o mundo, nos desapossaram dele. Acreditar no mundo significa principalmente suscitar acontecimentos, mesmo pequenos, que escapem ao controle, ou engendrar novos espaços-tempos, mesmo de superfície ou volume reduzidos (...). É ao nível de cada tentativa que se avaliam a capacidade de resistência ou, ao contrário, a submissão a um controle. (1992, p. 218)

---

7. Ver "Post-Scriptum sobre as sociedades de controle", em *Conversações* (Deleuze 1992).

Professores de filosofia, precisamos acreditar no mundo e gerar acontecimentos. Usar nossas aulas como trincheiras, como espaços de resistência. Fazer da sala de aula, esse espaço de solidão, um agenciamento coletivo capaz de promover articulações e a circulação dos conceitos, produzindo autonomia, que é a única coisa que permite o enfrentamento da máquina de controle. E produzir autonomia, no contexto da relação educativa, significa ensinar o desprezo pelo mestre. Em entrevista, o mesmo Michel Onfray citado acima colocou isso de forma interessante quando afirmou que:

> O professor é aquele que conduz, que aponta o norte, o sul, e depois diz ao aluno: "Vire-se você, faça o seu próprio caminho". Nietzsche dizia que um bom mestre é aquele que ensina os alunos a se desligarem dele. Então é preciso ensinar as pessoas a se desligarem de seus mestres, a serem mestres de si mesmas. É um estranho paradoxo, mas nós, professores, somos feitos para não existir. O que interessa é que as pessoas tenham uma relação direta com a filosofia, na qual eu serei apenas um mediador. Eu sou feito para desaparecer. (Entrevista a Alcino Leite Neto. *Folha de S.Paulo*, Caderno Sinapse, 17/12/02, pp. 4-5)

Somos, professores, feitos para desaparecer, embora nosso narcisismo nem sempre nos permita tal ato de desprendimento. No caso da filosofia, mediamos a relação com os conceitos. Militantes contemporâneos da causa da autonomia, nossa arma de luta são os conceitos; mas não os conceitos em si mesmos e sim os seus usos, os seus mecanismos de criação, apropriação, recriação. Mas só ensinamos de fato quando os alunos passam, eles próprios, a manejar os conceitos como ferramentas, independentemente de nossa supervisão, por mais que, como um pai diante do filho pequeno que brinca com uma faca, fiquemos preocupados com isso e temamos perder o controle.

Mas é exatamente disso que se trata: perder o controle. Em vez de sermos mais uma engrenagem na grande máquina de controle em que se converteu a sociedade contemporânea, agindo como vetores da educação maior e contribuindo na produção de cidadãos, indivíduos massificados e prontos a serem controlados, embora aparentemente vivam em liberdade e no regime dos direitos democráticos, podemos investir na autonomia, na singularização, na fuga a qualquer controle.

Aonde isso nos levará? Não há como saber de antemão; assim como o aprender, o ensinar não está sujeito a um controle absoluto. Podemos planejar, fazer previsões, apontar caminhos. Mas, aonde efetivamente chegaremos, só saberemos na chegada, e justamente aí reside o prazer da aventura filosófica.

1. As múltiplas compreensões da filosofia e seu ensino

Pensar o exercício da filosofia no ensino médio brasileiro neste início de século XXI exige esforço e abertura à diversidade. Por um lado, vivemos um ótimo momento para a filosofia: é praticamente um consenso social a sua importância; as publicações de clássicos em traduções competentes e da produção contemporânea, nacional e estrangeira, crescem dia a dia; a legislação prevê que ela esteja presente no currículo da educação dos jovens. Por outro lado, há muita controvérsia na compreensão da filosofia e, consequentemente, em sua aplicação como disciplina escolar, gerando contradições interessantes e muitas vezes preocupantes; em meio à diversidade filosófica, há filosofias afirmadas e filosofias banidas.

Na legislação maior, está claro qual filosofia deve ser ensinada: os conteúdos filosóficos necessários ao exercício da cidadania. Mas que conteúdos seriam esses? Teriam os legisladores clareza do que esses conteúdos compreendem ao determiná-los na lei? Outras questões são bastante pertinentes: de que cidadania se fala? De que educação se fala?[1]

---

1. Debrucei-me um pouco sobre isso em outra oportunidade, e não voltarei a esses assuntos aqui. Sugiro ao leitor interessado nessas questões a leitura do texto "Ética e cidadania no ensino de filosofia", apresentado nas VII Jornadas sobre la Enseñanza de la Filosofía, na Universidade de Buenos Aires e depois no Congresso Brasileiro de Professores de Filosofia, em Piracicaba, ambos em 2000. O texto está publicado no livro *Filosofia do ensino de filosofia*, organizado por mim, Gabriele Cornelli e

Se tomarmos os três documentos de orientação para o ensino de filosofia produzidos pelo Ministério da Educação na última década, todos os três reafirmam a importância dessa área para uma formação cidadã, mas cada um a interpreta de uma maneira.[2]

Afirmar a importância da filosofia para o exercício da cidadania significa atribuir a ela uma significação social de cunho afirmativo – mas sabemos que, na história da filosofia, muitas vezes ela foi mais subversiva do que afirmadora da ordem estabelecida. Quando perguntado numa entrevista sobre o papel do filósofo na sociedade, Michel Foucault respondeu que:

> O filósofo não tem papel na sociedade. Não se pode situar seu pensamento em relação ao movimento atual do grupo. Sócrates é um excelente exemplo: a sociedade ateniense pôde apenas lhe atribuir um papel subversivo, seus questionamentos não podiam ser admitidos pela ordem estabelecida. Na verdade, é ao cabo de um certo número de anos que se toma consciência do lugar de um filósofo; em suma, atribuímos a ele um papel retrospectivo. (2000, p. 34)

Assim como só podemos atribuir um papel ao filósofo passado algum tempo, também só podemos avaliar o ensino de filosofia *a posteriori*, retrospectivamente. De modo que só depois de algumas décadas de efetivação da filosofia como disciplina escolar obrigatória nos currículos da educação média brasileira é que poderemos definir seu papel. Por ora, fica-nos a problemática: afirmar a filosofia na formação para a cidadania, no Brasil contemporâneo, significa transgredir, subverter ou afirmar a ordem posta? Uma filosofia tomada como instrumental para a cidadania justifica-se por si mesma?[3]

Márcio Danelon, reunindo as conferências realizadas no Congresso Brasileiro de Professores de Filosofia (Universidade Metodista de Piracicaba, 2000).
2. Trata-se dos Parâmetros Curriculares Nacionais para o Ensino Médio – PCNEM (Brasil-MEC/SEMT 1999); das Orientações Educacionais Complementares aos Parâmetros Curriculares Nacionais – PCN+ (Brasil-MEC/SEMT 2002); e das Orientações Curriculares para o Ensino Médio – Ocem (Brasil-MES/SEB 2006).
3. Escrevi recentemente um artigo intitulado *Governamentalidade democrática e ensino de filosofia no Brasil contemporâneo*, a ser publicado em periódico nacional em um

Penso que se a filosofia pode, de fato, contribuir para o exercício da cidadania e mesmo para sua construção, ela não pode e não deve ser limitada a isso. A sua justificação deve se dar pelo papel que apenas ela pode desempenhar no processo de formação dos jovens. É a partir da clareza sobre esse papel que poderemos delinear as possibilidades e os limites da filosofia na educação dos jovens. E apenas depois de alguns anos em que a experiência do ensino de filosofia esteja generalizada e consolidada, é que poderemos tentar entender suas contribuições.

Mas há uma questão anterior àquela das possibilidades e dos limites do ensino de filosofia, uma questão tão antiga quanto a própria filosofia. Para que possamos discutir e exercitar o ensino de filosofia no nível médio, devemos – antes de tudo – nos perguntar: mas o que é mesmo a filosofia?

A especificidade da filosofia e seu ensino

Que é a filosofia, para que possamos ensiná-la?

As respostas são as mais diversas. Para ficarmos em apenas dois dos mais respeitados dicionários de filosofia, José Ferrater Mora usa 10 páginas para discorrer sobre o verbete (na 1ª edição brasileira, de 2001, pela

---

dossiê sobre o tema Governamentalidade e Biopolítica, procurando compreender o processo de introdução da disciplina nos currículos brasileiros à luz do conceito foucaultiano de governamentalidade. O artigo parte dos conceitos de biopoder e de governamentalidade para analisar alguns documentos governamentais brasileiros recentes concernentes à introdução da filosofia como disciplina no ensino médio. Durante a década de 1980, no bojo dos movimentos pela redemocratização do país, o acento nessa argumentação foi posto na suposta criticidade da filosofia e seu potencial na formação de cidadãos para uma sociedade democrática. Esse argumento parece ter sido assimilado pelo governo brasileiro, ao figurar na LDB que os jovens estudantes do ensino médio deveriam demonstrar os conhecimentos de filosofia "necessários ao exercício da cidadania". Pontua, também, documentos como os PCN, os PCN+, as Ocem, em seus capítulos sobre essa disciplina. Percorre tais documentos de política pública da perspectiva da governamentalidade, explicitando a instrumentação da filosofia para a formação de jovens segundo aquilo que se entende como uma sociedade democrática moderna.

Loyola), analisando os sentidos do próprio termo, a questão das origens da filosofia, o problema de sua significação, que é o que ocupa a maior parte do verbete, e a divisão da filosofia em "disciplinas". Já Nicola Abbagnano dedica ao verbete nada menos do que 14 páginas (na 2ª edição brasileira, de 1982, pela Mestre Jou). Ambos nos mostram que, ao longo da história da filosofia, muitas e distintas foram as respostas construídas para essa mesma questão. Ferrater Mora afirma que perante essa diversidade, há varias reações possíveis, culminando com a seguinte: "reconhecer lealmente que o problema não tem solução definida, mas que isso se deve a que o próprio problema não está bem definido. O inconveniente é que cabe perguntar por que não se define, ou se circunscreve, claramente o problema" (2001, tomo II, p. 1.044).

Para a problemática do ensino de filosofia, perante essa diversidade, penso que só há uma possibilidade plausível: escolher uma perspectiva de filosofia que permita um trabalho coerente em sala de aula. A não escolha clara de uma perspectiva filosófica pode levar a um perigoso ecletismo, no qual se juntam as mais diversas perspectivas e se acaba chegando a resultado algum ou, o que pode ser ainda pior, a um "Frankenstein" mal costurado.

O procedimento da escolha, por sua vez, traz embutidos pelo menos dois riscos graves: o de se cair no *dogmatismo*, ao professar que apenas essa perspectiva adotada é, de fato, filosofia; e o de se cair no *relativismo*, ao afirmar que, em filosofia, "tudo vale". Penso que o professor deva, de forma sincera e leal, afirmar aos alunos a perspectiva de filosofia que ele adota, deixando claro que se trata de uma perspectiva e não *da* perspectiva. Além disso, é mais do que salutar chamar sempre a atenção para a diversidade de filosofias.

A filosofia é, possivelmente, o campo de saber mais plurívoco e, portanto, aberto a e suscetível de muitos equívocos. Não se pode falar em "filosofia" de forma geral, sem dizer de que filosofia falamos. Da mesma maneira, não se pode falar em "ensinar filosofia" como se se tratasse de algo geral e universal. Enunciando de forma um pouco diferente o que foi afirmado acima, falar em ensinar filosofia é falar em ensinar uma determinada filosofia, ou em ensiná-la a partir de uma determinada perspectiva. Fernando Savater, em seu livro *As perguntas da vida*, destaca quatro coisas que um professor de filosofia não pode esconder de seus alunos, e a primeira delas diz justamente respeito a essa questão. Escreveu ele que:

> (...) não existe "a" filosofia, mas "as" filosofias e, sobretudo, o filosofar; "A filosofia não é um longo rio tranquilo, em que cada um pode pescar sua verdade. É um mar no qual mil ondas se defrontam, em que mil correntes se opõem, se encontram, às vezes se misturam, se separam, voltam a se encontrar, opõem-se de novo... cada um o navega como pode, e é isso que chamamos de filosofar" [Comte-Sponville e Ferry, *La sagesse des modernes*]. Há uma perspectiva filosófica (em face da perspectiva científica ou da artística), mas felizmente ela é multifacetada (...). (Savater 2001, p. 209)

Ora, se são múltiplas as filosofias, se são variados os estilos do filosofar, múltiplas e variadas são também as perspectivas do ensinar a filosofia e o filosofar. Assim, quando tratamos do ensino de filosofia é necessário que tomemos uma posição, que nos coloquemos no campo de uma determinada concepção de filosofia. E, fundamental, que deixemos isso claro; que evidenciemos a posição filosófica com base na qual pensamos e ensinamos.

Será isso uma forma de doutrinação? Penso que não. Há muito aprendi com Regis de Morais (em *O que é ensinar*, por exemplo) que "doutrinar não é ensinar uma doutrina, mas ensiná-la como se fosse a única". Ensinar é, necessariamente, uma tomada de posição. O problema está em não esclarecer que se trata de *uma* posição e não a única possível. Na obra que Olivier Reboul dedicou à questão da doutrinação, podemos ler: "combater a doutrinação não é ensinar sem doutrina, mas ensinar doutrina que libere o pensamento em lugar de sujeitá-lo, que substitua o culto cego dos ídolos pela admiração clarividente dos modelos humanos" (1980, p. 163).

É preciso, pois, que se tome uma posição na filosofia; que se evidencie de onde falamos, quando pensamos e praticamos seu ensino. Encontrei essa espécie de "porto" a partir do qual me lançar ao mar da filosofia na perspectiva apresentada por Gilles Deleuze e Félix Guattari em O *que é a filosofia?*: "a filosofia é a arte de formar, de inventar, de fabricar conceitos" (1992, p. 10). Essa perspectiva em especial me interessa, sobretudo, porque se trata de uma "definição aberta", isto é, ela oferece um campo, mas não apaga o horizonte, nem coloca cercas nele. Em outras palavras, dizer que a filosofia consiste na atividade de criar conceitos nos dá parâmetros para pensá-la, mas ao mesmo tempo abre uma infinidade de possibilidades, pois são múltiplas as compreensões do conceito e múltiplos seus modos de produção. Por outro lado, dada sua amplitude, essa definição permite abarcar virtualmente toda a produção filosófica e poderíamos mesmo dizer que se trata de uma "definição universal", uma vez que cabem nela Platão e os antiplatônicos, os idealistas e os materialistas etc.

Por essas razões, parece-me muito promissor e produtivo tomar a filosofia como atividade de criação conceitual para pensar e experimentar seu ensino. Essa definição nos permite tomar uma posição na filosofia e uma posição no ensino, uma vez que, se a filosofia é uma *atividade* de *criação*, ela nos remete, necessariamente, para a noção de um ensino ativo, que convide para uma experiência no pensamento.

Da "ensinabilidade" da filosofia

Voltando ao tema de que tratei no "Prólogo" deste livro – a afirmação, baseada em Nietzsche, de que a filosofia é um exercício de solidão –, impõe-se então a questão: será esse exercício de pensamento feito na solidão "ensinável"? Ou, ainda, diante do dramático quadro das escolas brasileiras em nossos dias, das tão afirmadas dificuldades de leitura e escrita de nossos estudantes, fará sentido o projeto de ensinar a eles o exercício filosófico do pensamento?

Em um de seus livros publicados no Brasil, o filósofo espanhol Fernando Savater pergunta se há sentido em defender o ensino de filosofia na educação média em nossos dias.[4] Ele colocou a questão nos seguintes termos:

> Tem sentido empenhar-se hoje, no final do século XX ou início do XXI, em manter a filosofia como uma matéria a mais no bacharelado?[5] Trata-se de mera sobrevivência do passado, que os conservadores enaltecem por seu prestígio tradicional mas que os progressistas e as pessoas práticas devem encarar com justificada impaciência? Podem os jovens, ou adolescentes, inclusive crianças, entender claramente algo que em sua idade deve parecer obscuro? Não se limitarão, na melhor das hipóteses, a memorizar algumas fórmulas pedantes que depois repetirão como papagaios? Talvez a filosofia interesse a alguns poucos, aos que têm vocação filosófica, se é que isso ainda existe, mas esses, de qualquer modo, terão tempo de descobri-la mais adiante. Então para que impô-la a todos no secundário? Não é uma perda de tempo infundada e reacionária, em vista da sobrecarga dos atuais programas de ensino médio? (2001, p. 3)

No contexto de um mundo e de uma escola excessivamente voltados para a informação, Savater (*idem*, p. 6) afirma que a filosofia não teria mesmo nada a oferecer. Comenta que podemos falar em três níveis de compreensão: a informação, o conhecimento e a sabedoria; enquanto a ciência transita entre informação e conhecimento, a filosofia move-se entre conhecimento e sabedoria. E arremata: "de modo que não há informação propriamente filosófica, mas pode haver conhecimento filosófico, e gostaríamos de chegar a que houvesse também sabedoria filosófica. É possível conseguir tal coisa? Sobretudo: é possível *ensinar* tal coisa?".

O autor não titubeia em responder positivamente; faz então uma extensa argumentação em torno da filosofia como atividade, processo, e

---

4. Refiro-me a *As perguntas da vida*, publicado em outubro de 2001 pela Martins Fontes, tradução do original publicado em Barcelona em 1999. Trata-se de uma obra voltada justamente para os alunos adolescentes do ensino médio espanhol.
5. *Bachillerato*: o ensino médio espanhol.

não apenas como conjunto de conhecimentos historicamente produzidos, para concluir que é possível ensinar a filosofar, como busca de respostas cada vez melhores para os problemas com os quais nos defrontamos. E mais do que isso: se a educação se pretende humanizadora, ela não pode prescindir da filosofia. A questão que se coloca então passa a ser: como ensinar os jovens a filosofar?

A perspectiva de Savater é a de que o ensino do processo de filosofar aos jovens deve ser feito por meio de grandes temas, como a morte, a liberdade, o tempo, a beleza, a convivência, para citar apenas alguns, que devem ser tratados problematicamente. Para dizer de outra forma, esses temas devem ser tratados como problemas filosóficos, que enfrentamos em nosso cotidiano, e que vêm recebendo diferentes equacionamentos ao longo da história. Assim, ao mesmo tempo em que os jovens são levados a pensar sobre esses problemas – que em maior ou menor medida todos experimentamos, em diferentes momentos da vida –, também tomam contato com diferentes filósofos que, nas mais diversas épocas, incomodaram-se com esses mesmos problemas e procuraram construir formas de equacioná-los, as quais, se não nos dão uma resposta definitiva, ajudam-nos a compreendê-los melhor, assim como nosso mundo e a nós mesmos.

Em outro texto, produzido em 1995 (e publicado em português em 2000), o mesmo autor já havia lançado algumas pinceladas sobre o tema, colocando a sempre polêmica questão do como ensinar filosofia. Savater resgata as diversas críticas produzidas ao longo da história (lembremos Montaigne, Schopenhauer, Nietzsche, para citar apenas alguns) a uma filosofia sistematizada nas escolas e pelas escolas, que tira dela toda sua força e potencial criativo, recolocando a questão do ensino de filosofia voltado ou para o ato do filosofar, ou para o conteúdo da filosofia.

> A dificuldade de ensinar filosofia é que esta disciplina consiste mais numa atitude intelectual do que num conjunto bem estabelecido de conhecimentos, cada um dos quais poderia ser separado sem diminuição de sua força assertiva do nome do seu descobridor. Por isso, a via

pedagógica mais evidente, quase irremediável, passa pelo estudo de cada uma das grandes figuras do tarot filosófico (como quem diz, os seus Arcanos Maiores) pois a comemoração de tais exemplos da filosofia em marcha – quando bem feita – é o mais estimulante para o aluno e terreno mais seguro para o professor (...) A recomendação kantiana de que não se deve ensinar filosofia mas sim a filosofar condensa num lema a dificuldade, mas não a resolve. O distintivo do filósofo não é arengar às massas nem sequer doutrinar grupos de estudo, mas comunicar o individualmente pensado a um interlocutor também único e irrepetível. (Savater 2000, p. 31)

No entanto, afirmar a importância do ato do filosofar para o ensino de filosofia não nos autoriza a prescindir do conteúdo filosófico, daquilo que foi produzido em quase três milênios de pensamento:

A actividade filosófica actual prolonga uma tradição cuja própria memória já é uma parte importante do âmbito da sua reflexão. Seria não simplesmente pretensioso, mas sobretudo ridículo e ineficaz tentar filosofar sobre qualquer tema, esquecendo ou desdenhando a constância do já pensado sobre ele ou do pensado que pode relacionar-se com ele (...). A recordação dos filósofos é o que hoje nos legitima para filosofar. (*Idem*, pp. 29-30)

Se ao ensinarmos filosofia nos limitarmos a expor figuras e momentos da história da filosofia (a colocar na mesa as cartas do tarô filosófico, para acompanhar Savater), estaremos contribuindo para afirmar a filosofia como peça (ou peças) de museu, como algo que se contempla, se admira, mas se vê a distância, como algo intangível para nós. Mas, por outro lado, se nos dedicarmos ao ensino de filosofia buscando o processo do filosofar, esquecendo-nos do historicamente produzido, perderemos a legitimidade para tal ato. A recusa da tradição (história da filosofia) que é a única maneira de manter vivo o legado, continuamente criando e produzindo, só é possível a partir dessa mesma tradição: nada criaremos se não a tomarmos como ponto de partida.

Fernando Savater, filósofo e professor de filosofia espanhol contemporâneo, tem sido bastante publicado e lido no Brasil nos últimos anos. Se o trouxe à conversa foi para reafirmar uma posição que já havia assumido anteriormente: a de que a reflexão sobre o ensino de filosofia deve superar a famosa dicotomia entre aprender filosofia (produto) ou aprender a filosofar (processo), tornada famosa por Kant ao comentá-la na *Crítica da razão pura*.[6] Filosofia é processo e produto ao mesmo tempo; só se pode filosofar pela história da filosofia e só se faz história filosófica da filosofia, que não é mera reprodução.

Nesse exercício do ensinar filosofia, há quatro coisas que um professor não deve esconder de seus alunos, ainda de acordo com Savater:

- *primeira*, que não existe "a" filosofia, mas "as" filosofias e, sobretudo, o filosofar (...). Há uma perspectiva filosófica (em face da perspectiva científica ou artística), mas felizmente ela é multifacetada (...);
- *segunda*, que o estudo da filosofia não é interessante porque a ela se dedicaram talentos extraordinários como Aristóteles ou Kant, mas esses talentos nos interessam porque se ocuparam dessas questões de amplo alcance que são tão importantes para nossa própria vida humana, racional e civilizada (...);
- *terceira*, que até os melhores filósofos disseram absurdos notórios e cometeram erros graves. Quem mais se arrisca a pensar fora dos caminhos intelectualmente trilhados corre mais riscos de se equivocar, e digo isso como elogio e não como censura (...);
- *quarta*, que em determinadas questões extremamente gerais aprender a perguntar bem também é aprender a desconfiar das respostas demasiado taxativas (...). (2001, pp. 209-210)

Em suma, ensinar filosofia é um exercício de apelo à diversidade, ao perspectivismo que anunciava Nietzsche; é um exercício de acesso

---

6. Estou me referindo à posição defendida no texto escrito com Walter Kohan, "Crítica de alguns lugares-comuns ao se pensar a filosofia no ensino médio", publicado no livro que também organizamos conjuntamente em 2000, *Filosofia no ensino médio* (Vozes).

a questões fundamentais para a existência humana; é um exercício de abertura ao risco, de busca da criatividade, de um pensamento sempre fresco; é um exercício da pergunta e da desconfiança da resposta fácil. Quem não estiver disposto a tais exercícios, dificilmente encontrará prazer e êxito na aventura que é ensinar filosofia, e também aprender filosofia.

Neste diálogo com Savater podemos, portanto, afirmar a "ensinabilidade" da filosofia. E não apenas como mais um processo de transmissão de informações e conteúdos, mas como um verdadeiro convite ao pensamento próprio. Mais do que transmitir informações e conhecimentos, talvez o papel da filosofia, ao convidar a pensar, seja o de transmitir, ao modo de Sócrates, uma espécie de "sentimento de ignorância". Esse ponto será desenvolvido adiante, em diálogo com Jacques Rancière.

Da "aprendizibilidade" da filosofia

Muito bem. Se nos pusemos de acordo com o fato de que a filosofia é "ensinável", devemos agora perguntar se ela é "aprendível". Peço desculpas pelos neologismos (sobretudo "aprendizibilidade" e "aprendível"), que não soam lá muito bem e causam certo desconforto. Mas é justamente por isso que os utilizo. Penso que estamos por demais acomodados com o fato de que algo que é ensinado é aprendido. Mas isso não necessariamente acontece. A pedagogia inclusive cunhou a expressão "ensino-aprendizagem", buscando denotar a via de mão dupla na qual deve se constituir esse processo, mas a expressão (como tantas outras) caiu num modismo maneiro e penso que já não significa grande coisa.

Precisamos desconfiar da certeza fácil de que aquilo que é ensinado é aprendido. Ou de que aquilo que é transmitido é assimilado. Já nos tempos bíblicos se dizia que as sementes podem germinar ou não, dependendo do solo em que caem; pois bem: ensinar é como lançar sementes que não sabemos se germinarão ou não; já aprender é incorporar a semente, fazê-la germinar, crescer e frutificar, produzindo o novo.

Disso podemos concluir que não necessariamente o que é ensinado é aprendido. A aprendizagem é um processo sobre o qual não se pode exercer absoluto controle. Podemos planejar, podemos executar tudo de acordo com o planejado, tomando todos os cuidados imagináveis; mas sempre algo poderá fugir do controle, escapar por entre as bordas, trazendo à luz um resultado insuspeitado, inimaginável. Aí se encontra, em minha maneira de ver, a beleza do processo educativo: agimos sem nunca saber qual será o resultado de nossas ações. Uma aula pode "funcionar" muito bem em nossa cabeça, mas produzir situações em classe ou resultados nos alunos completamente distintos dos projetados. Ou até mesmo produzir os resultados esperados, mas talvez meses ou anos depois.

Lançamos nossas sementes, sem saber se darão origem a flores ou a monstros, ou mesmo a coisa alguma...

Essa "dose de incerteza" presente no processo educativo, que é a grande pedra no caminho de uma pedagogia moderna que se quis fazer ciência, foi bem identificada por Deleuze, ainda no final dos anos 1960, quando afirmou que:

> Nunca se sabe de antemão como alguém vai aprender – que amores tornam alguém bom em Latim, por meio de que encontros se é filósofo, em que dicionários se aprende a pensar. Os limites das faculdades se encaixam uns nos outros sob a forma quebrada daquilo que traz e transmite a diferença. Não há método para encontrar tesouros nem para aprender, mas um violento adestramento, uma cultura ou *paideia* que percorre inteiramente todo o indivíduo (um albino em que nasce o ato de sentir na sensibilidade, um afásico em que nasce a fala na linguagem, um acéfalo em que nasce pensar no pensamento). O método é o meio de saber quem regula a colaboração de todas as faculdades; além disso, ele é a manifestação de um senso comum ou a realização de uma *Cogitatio natura*, pressupondo uma boa vontade como uma "decisão premeditada" do pensador. Mas a cultura é o movimento de aprender, a aventura do involuntário, encadeando uma sensibilidade, uma memória, depois um pensamento, com todas

as violências e crueldades necessárias, dizia Nietzsche, justamente para "adestrar um povo de pensadores", "fazer um adestramento do espírito". (2006a, pp. 237-238)

Pode até haver métodos para ensinar (eles pelo menos servem para tranquilizar as consciências perturbadas dos professores), mas não há métodos para aprender. O método é uma máquina de controle, mas a aprendizagem está para além de qualquer controle. Para a filosofia, isso é fundamental; mais uma pitada de Deleuze e poderemos completar o raciocínio.

> Aprender é tão-somente o intermediário entre não-saber e saber, a passagem viva de um ao outro. Pode-se dizer que aprender, afinal de contas, é uma tarefa infinita, mas esta não deixa de ser rejeitada para o lado das circunstâncias e da aquisição, posta para fora da essência supostamente simples do saber como inatismo, elemento *a priori* ou mesmo Idéia reguladora. E, finalmente, a aprendizagem está, antes de mais nada, do lado do rato no labirinto, ao passo que o filósofo fora da caverna considera somente o resultado – o saber – para dele extrair os princípios transcendentais. (*Idem*, p. 238)

O aprendizado não pode ser circunscrito aos limites de uma aula, da audição de uma conferência, da leitura de um livro; ele ultrapassa todas essas fronteiras, rasga os mapas e pode instaurar múltiplas possibilidades. E o que é o processo do filosofar, senão essa busca dos horizontes para questioná-los uma vez e outra mais, para descobrir que não há horizontes? Das palavras de Deleuze, podemos inferir que o processo do filosofar é análogo ao processo da aprendizagem: o hiato entre o saber e o não saber; *phylo-sophia*, movimento do não saber à sabedoria, sem nunca atingir esta última, mas jamais retornando ao primeiro.

Fiquemos, então, com Deleuze: o filósofo é sempre um *aprendiz*. Está mais para o rato no labirinto, que *precisa* aprender a saída; está mais para o sujeito de dentro da caverna, que descobre sua condição e procura a saída, do que para o sujeito já fora da caverna, que contempla o verdadeiro saber (a Ideia). No primeiro, temos a imanência do problema; no segundo, a transcendência da solução, já posta desde sempre. De modo que, nessa perspectiva, a questão da "aprendizibilidade" da filosofia se resolve: *a filosofia é aprendizagem*! O movimento do filosofar é o mesmo movimento do aprender, a contínua passagem de um não saber ao saber. Um processo no qual o procedimento, o percurso é sempre mais importante do que o ponto de chegada. Aprender filosofia, assim, só pode ser o aprendizado do próprio exercício do filosofar.

A defesa de um ensino ativo

Se não podemos saber como alguém aprende filosofia, devemos então abdicar de pensar em como ensinar filosofia?

Penso que não. Tanto com Deleuze quanto com Rancière, sair do registro do ensino como explicação ou tomar o aprendizado em seu mistério e em sua errância não implica dispensar o mestre, abdicar do ensino. Trata-se, isso sim, de assumir uma outra postura perante o ensino. Uma postura que não implique a transmissão direta de saberes, que seriam assimilados diretamente por aquele que aprende; uma postura que não implique uma submissão daquele que aprende àquele que ensina; enfim, uma postura de abertura ao outro, ao aprendizado como encontro com os signos e como criação.

O ensino de filosofia pode ser tomado em uma perspectiva ativa, que tenha por meta a emancipação intelectual daquele que aprende, a produção de singularidades, ainda que não seja possível *controlar* isso.

Em um colóquio com professores de filosofia realizado em outubro de 1984 na Universidade de Paris X, Jacques Rancière apresentou um desafio bastante interessante para um ensino ativo da filosofia. Um dos temas do colóquio, intitulado "Encontros escola e filosofia", era o papel desempenhado pela filosofia na formação dos jovens, no contexto de uma educação republicana e democrática. O filósofo afirmava então que nós, professores de filosofia, que nos julgamos tão críticos, nos limitamos a transmitir conhecimentos filosóficos, agindo na direção da produção de um consenso. E isso porque, segundo ele, a lógica do ensino está fundada na explicação, e explicar significa não desembaraçar, esclarecer, como seria de imaginar, mas sim amarrar, estabelecer um consenso a partir de proposições e pontos de vista distintos.

Dito de outra maneira, a lógica da explicação implica que aquele que aprende renuncie a seus pontos de vista, cedendo aos pontos de vista do mestre, o sábio. Nessa lógica, afirma Rancière, há não apenas uma atividade intelectual (do aprender), mas também uma atividade social, de renúncia e resignação. Se pensarmos em outros textos do filósofo, podemos dizer que a lógica da explicação implica uma renúncia à palavra, atividade que é própria à fabricação de consensos. Uma democracia do consenso é aquela do apagamento do diferente, de perpetuação do mesmo; em contrapartida, uma democracia fundada no dissenso é aquela em que a diferença emerge.[7]

Segundo Rancière, podemos identificar três tipos de mestres: o "explicador", o "ignorante" e o "livro aberto". O primeiro, e pior de todos, é um embrutecedor, pois para ele o ensino não é uma forma de emancipação, mas de assujeitamento. Aquele que aprende, vítima do consenso fabricado, é aquele que se resigna, aquele que renuncia a si mesmo para aceitar o ensinamento do mestre. O segundo "não é simplesmente um mestre menos sábio. Ele é, na medida em que é presa de sua ignorância e da capacidade de todos de saber, o puro suporte da decisão de aprender – de se aprender – que é própria do aluno" (1986, p. 119).[8] O terceiro caso é aquele do mestre sábio "que instrui, não por suas explicações, mas se propondo ele mesmo como livro aberto, paisagem ou lição de coisas. O aluno não aprende com o professor, ele aprende o professor" (*idem, ibidem*). Se o primeiro é um embrutecedor, este último

---

7. A esse respeito, ver Rancière 1996a e 1996b.
8. Três anos após a participação nesse colóquio, Rancière publicaria na França *O mestre ignorante*, livro em que analisa a experiência de François Jacotot e desenvolve a noção da aprendizagem como emancipação, contra o embrutecimento do ensino explicativo.

também não o deixa de ser, embora de forma mais branda. De algum modo, ele ainda permite que o discípulo o transcenda, enquanto, para o primeiro tipo, isso seria impossível. Mas é o segundo tipo, o *mestre ignorante*, que, para Rancière explicita melhor a atividade do professor de filosofia.

Contra a lógica da explicação no ensino, Rancière coloca a lógica da ignorância na aprendizagem. E recorre ao papel historicamente desempenhado pela ignorância no âmbito da filosofia – esse conhecimento aberto por natureza, que aposta mais no problema do que na solução. Ora, a lógica da explicação é, então, antifilosófica. Um ensino "explicativo" da filosofia é a morte mesma da filosofia. Assim,

> (...) a filosofia pode ser, na instituição, este lugar onde se reverta o fundamento da autoridade do saber, onde o sentimento justo da ignorância apareça como a verdadeira superioridade do mestre: o mestre não é aquele que sabe e transmite; ele é aquele que aprende e faz aprender, aquele que, para falar a linguagem dos tempos humanistas, faz seu estudo e determina cada um a fazer por sua conta. A filosofia pode ocupar este ponto de reversão porque ela é o lugar de uma verdadeira ignorância. Todos sabem que, desde o começo da filosofia, os filósofos não sabem nada, não por falta de estudos ou de experiências, mas por falta de identificação. Também o ensino da filosofia pode ser este lugar onde a transmissão dos conhecimentos se autoriza a passar a algo mais sério: a transmissão do sentimento de ignorância. (Rancière 1986, pp. 119-120)

Para além da lógica da explicação e da lógica da transmissão, abrem-se múltiplas possibilidades para o ensino de filosofia. Deleuze e Guattari referem-se a uma delas quando falam em uma "pedagogia do conceito". Em *O que é a filosofia?* (1992, p. 21), tratam de três idades do conceito: a *enciclopédia*, que remete a uma espécie de "coleção" de conceitos e de ideias, sem maior preocupação com seu uso, sua operatividade; a *formação profissional comercial*, que remete a um uso, a uma operatividade absoluta, na qual o conceito é mais um produto, uma mercadoria; e, por fim, a *pedagogia*, apenas esta centrada no aprendizado do conceito e em sua operatividade como experiência do pensamento. As duas primeiras formas de abordar o conceito, se aplicadas ao ensino, estariam no âmbito da explicação e da transmissão. O trabalho com o ensino de filosofia no contexto de uma "pedagogia do conceito" seria, por sua vez, um exercício de afirmação da filosofia, um trabalho do pensamento que faria com que a filosofia seguisse sendo uma força viva, na medida em que seria um convite aos estudantes para experimentar o pensamento em seu registro filosófico.

2. A filosofia como criação de conceitos

Uma didática geral, uma "arte de ensinar tudo a todos" não pode dar conta do ensinar filosofia, do aprender filosofia. Filosoficamente, o aprendizado da filosofia está para além de qualquer método, que significa controle. No processo de ensino, a filosofia nos escapa... E, no entanto, penso que devemos nos dedicar a essa aventura que é o ensino de filosofia. Sim, aventura, pois sabemos quando e de onde saímos, mas não sabemos *quando*, *aonde* ou mesmo *se* chegaremos.

O ensino de filosofia não pode ser abarcado por uma didática geral, não pode ser equacionado unicamente como uma questão pedagógica, porque há algo de específico na filosofia. Há algo que faz com que a filosofia seja filosofia – e não ciência, religião ou opinião –, e é esse algo que faz com que o ensino de filosofia careça também de um tratamento filosófico, de uma didática específica, para além de toda e qualquer questão estritamente pedagógica.

Da especificidade da filosofia

Podemos tomar como sendo três as principais características da filosofia:

1) trata-se de um pensamento conceitual: enquanto saber, ela é sempre produto de pensamento, é uma experiência de pensamento. Mas o que caracteriza a filosofia, como veremos a seguir, é que ela é uma experiência de pensamento que procede por conceitos, que cria conceitos, à diferença da ciência e da arte;

2) apresenta um caráter dialógico: ela não se caracteriza como um saber fechado em si mesmo, uma verdade dogmática, mas como um saber que se experimenta, que se confronta, consigo mesmo e com os outros, que se abre ao diálogo com outros saberes, um saber aberto e em construção coletiva;

3) possibilita uma postura de crítica radical: a atitude filosófica é a da não conformação, do questionamento constante, da busca das raízes das coisas, não se contentando com respostas prontas e sempre colocando em xeque as posturas dogmáticas e as certezas apressadas.

Embora sejam essas as três características da filosofia, o caráter dialógico e a postura de crítica radical são também encontrados em outros saberes. O que é, então, específico da filosofia? Qual é o caráter que a distingue de outros campos de saberes, de outras disciplinas?

Estou convencido de que o que faz com que a filosofia seja filosofia e não outra coisa qualquer é o trato com o *conceito*, como apontaram Deleuze e Guattari em O *que é a filosofia?*.[1]

Nessa obra, os autores franceses apresentam a perspectiva de que o elemento distintivo da filosofia em relação aos outros saberes é que apenas ela produz (cria) conceitos. A arte cria *afectos* e *perceptos* e a ciência cria *funções* para exprimir o real, a primeira com ênfase numa perspectiva estética e a segunda com ênfase numa perspectiva empírico-racional. Para exprimir o mesmo real, mas por uma abordagem e uma leitura completamente distintas, a filosofia cria *conceitos*. Essas três damas não competem entre

---

1. Obra publicada na França em 1991 e traduzida no Brasil em 1992.

si, uma não supera a outra, mas pode haver uma complementaridade, uma justaposição, uma inter-relação constante entre elas.

Nessa dimensão, como entender o conceito? Digamos que se trata de uma forma de pensamento, criado pelos gregos nômades das bordas do mundo grego antigo (a filosofia pré-socrática, a primeira filosofia, está na Jônia, na Magna Grécia, e só mais tarde migra para Atenas, onde talvez encontre sua pátria mais estável), em contraposição aos sábios orientais, que pensavam por *figuras*. Mas, no caso desses primeiros filósofos, trata-se de um pensamento com direção: o conceito é sempre criado a partir de um problema ou de um conjunto de problemas.

Para dizer brevemente, o conceito é, pois, uma forma racional de equacionar um problema ou problemas, exprimindo uma visão coerente do vivido. Não é abstrato nem transcendente, mas imanente, uma vez que se baseia necessariamente em problemas experimentados.

O conceito nunca é dado de antemão, mas é sempre criado. Sua etimologia está na própria noção de concepção: dar vida, trazer à luz. Concebemos (fazemos) conceitos como concebemos (fazemos) filhos...

O fato de o conceito brotar de problemas, de buscar equacioná-los, é que faz da filosofia essa "obra aberta", uma vez que os conceitos nunca são conclusivos, mas continuam carregando em si os problemas que lhe deram origem, além de contribuírem para o aparecimento de novos problemas. Já em *Diferença e repetição* (cuja primeira edição francesa é de 1969), Deleuze destacava a importância do problema na filosofia, no pensamento; o conceito apareceria de forma forte em *O que é a filosofia?* (1992), ainda que ele já o destacasse em seus primeiros escritos.[2] Essa persistência do problema no pensamento é bem ressaltada por Deleuze (2006a, p. 267):

---

2. Deleuze inicia o artigo "Bergson, 1859-1941", escrito para uma compilação organizada por Merleau-Ponty intitulada *Les philosophes célèbres*, publicada em 1956, com a seguinte afirmação: "Um grande filósofo é aquele que cria novos conceitos: esses conceitos ultrapassam as dualidades do pensamento ordinário e, ao mesmo tempo, dão às coisas uma verdade nova, uma distribuição nova, um recorte extraordinário" (Deleuze 2006b, p. 33). É exatamente essa formulação que seria retomada, trabalhada e desenvolvida no livro publicado em 1991, na França.

Um problema não existe fora de suas soluções. Mas, em vez de desaparecer, ele insiste e persiste nas soluções que o recobrem. Um problema se determina ao mesmo tempo em que é resolvido; mas sua determinação não se confunde com a solução: os dois elementos diferem por natureza, e a determinação é como a gênese da solução concomitante (...). O problema é ao mesmo tempo transcendente e imanente em relação a suas soluções. Transcendente, porque consiste num sistema de ligações ideais ou de relações diferenciais entre elementos genéticos. Imanente, porque estas ligações ou relações se encarnam nas correlações atuais que não se assemelham a elas e que são definidas pelo campo de solução.

Persistência do problema. Graça e desgraça da filosofia, que faz dela uma atividade perpétua, quem sabe infinita, de criação de conceitos para lançar luz sobre problemas que sempre reaparecem, num eterno jogo de claro/escuro que faz da vida o que ela é.

Se assumirmos essa perspectiva de que o específico (a "identidade") da filosofia está no ato da criação de conceitos e que estes, por sua vez, referem-se a problemas, a discussão e a prática do ensino de filosofia deverão, necessariamente, passar pelo conceito e pelo problema, chaves para esta discussão e esta prática.

Se a aprendizagem é o hiato entre saber e não saber, em filosofia a aprendizagem é o hiato entre o não filósofo e o filósofo. O professor de filosofia é aquele personagem que, sendo filósofo (no sentido simples de alguém que exercita a filosofia), deve fazer-se não filósofo para, no contato com os alunos, (re)descobrir o ato filosófico, na medida em que eles, alunos, o descobrem. Escreveram Deleuze e Guattari (1992, p. 143) que: "O filósofo deve tornar-se não-filósofo, para que a não-filosofia se torne a terra e o povo da filosofia (...). Tornar-se estrangeiro a si mesmo, e à sua própria língua e nação, não é o próprio do filósofo e da filosofia, seu 'estilo', o que se chama um galimatias filosófico?".

Tentando colocar de outra maneira: é preciso que o professor se apresente não como "aquele que sabe", mas como aquele que está aberto para descobrir, para possibilitar o jogo do aprendizado. Buscar a linguagem dos alunos, identificar-se com eles, sem tornar-se mais um deles, sentir e pensar com eles, para que o ato filosófico se dê. Fazer-se estrangeiro a si mesmo: não seria isso respirar o ar gelado dos cumes, no dizer de Nietzsche? A aventura do ensino de filosofia não seria, ela mesma, a possibilidade viva de um sempre renascer da filosofia?

A aula de filosofia, penso, precisa ser vista como uma "oficina de conceitos". Não é uma sala de museu, conforme já disse antes, na qual se contemplam conceitos criados há muito tempo e que são vistos como meras curiosidades, mas como um local de trabalho onde os conceitos sejam ferramentas manipuláveis, como um laboratório onde se façam *experiências* e *experimentações* com os conceitos. Dessa forma, teremos na sala de aula a filosofia como uma atividade, como um processo, e não como um produto. Conceitos a serem criados, recriados, retomados, renovados, em lugar de conceitos *sempre-já* presentes a serem decorados para a próxima prova. Uma vez mais fiquemos com Deleuze e Guattari (1992, p. 143), quando afirmam que "pensar é experimentar, mas a experimentação é sempre o que se está fazendo – o novo, o notável, o interessante, que substituem a aparência de verdade e que são mais exigentes que ela".

Filosofia, pensamento e criação

Como já afirmei, Deleuze e Guattari publicaram em 1991, na França, O *que é a filosofia?*, obra em que sistematizam suas ideias em torno da produção teórica que desenvolveram na segunda metade do século XX. Segundo eles, essa é uma questão para ser pensada na velhice, no entardecer de uma jornada de produção. É apenas aí, fatigados pelo longo caminho, mas também com muita bagagem, que podemos tentar encontrar singularidades em meio à diversidade da produção filosófica e nos colocar a pergunta oracular: o que é a filosofia?

A resposta dada pelos pensadores franceses, sabemos, é a de que a filosofia é a atividade de criação de conceitos. Atividade, no sentido wittgensteiniano do termo, remetendo a uma noção de filosofia como um fazer, em seu aspecto material. Mas não qualquer atividade, e sim uma atividade de criação, uma vez que à filosofia cabe criar e não descobrir, encontrar. Por fim, uma atividade de criação conceitual, pois o conceito é a matéria e o produto da filosofia, ele é sua especificidade. Escreveram eles que:

> O filósofo é o amigo do conceito, ele é conceito em potência. Quer dizer que a filosofia não é uma simples arte de formar, de inventar ou de fabricar conceitos, pois os conceitos não são necessariamente formas, achados ou produtos. A filosofia, mais rigorosamente, é a disciplina que consiste em criar conceitos (...). Criar conceitos sempre novos é o objeto da filosofia. É porque o conceito precisa ser criado que ele remete ao filósofo como aquele que o tem em potência, ou que tem sua potência e sua competência (...). Os conceitos não nos esperam inteiramente feitos, como corpos celestes. Não há céu para os conceitos. Eles devem ser inventados, fabricados ou antes criados, e não seriam nada sem a assinatura daqueles que os criam (...). Que valeria um filósofo do qual se pudesse dizer: ele não criou um conceito, ele não criou seus conceitos? (Deleuze e Guattari 1992, pp. 13-14)

Tomando a filosofia como criação de conceitos, Deleuze e Guattari vão direcionar uma dura crítica a três perspectivas muito comuns quando hoje buscamos definir a filosofia: segundo eles, a filosofia não é nem *contemplação*, nem *reflexão*, nem *comunicação*.

Apenas um parêntese: os filósofos franceses não estão, de forma alguma, exercitando o desprezo pela diversidade das filosofias e tentando impor uma unidade; diferentemente disso, estão buscando uma definição possível e plausível da atividade filosófica, que possa ser extensível a todas as filosofias, por mais diversas e distintas que sejam. Nesse empreendimento, acabam também por tentar demonstrar que determinadas "definições" de filosofia não apresentam, de fato, sua especificidade.

A filosofia não é contemplação, como durante muito tempo – por inspiração sobretudo platônica – se julgou, pois a contemplação, mesmo dinâmica, não é criativa; consiste na visada da coisa mesma, tomada como preexistente e independente do próprio ato de contemplar, e nada tem a ver com a criação de conceitos. Ela tampouco é comunicação, e aí se dirige uma crítica a duas figuras emblemáticas da filosofia contemporânea: a Habermas, com sua proposta de uma "razão comunicativa", e a Rorty e ao neopragmatismo, propositores de uma "conversação democrática". Porque a comunicação pode visar apenas ao consenso, mas nunca ao conceito; e o conceito, muitas vezes, é mais dissenso que consenso. E, finalmente, a filosofia não é reflexão, simplesmente porque a reflexão não é específica da atividade filosófica: é possível que qualquer um (e não apenas o filósofo) reflita sobre qualquer coisa.

Sendo entre nós tão comum compreender a filosofia como uma forma específica de reflexão sobre determinados problemas, a crítica deleuziana é radical, pois afirma que a filosofia pode refletir, mas não é isso que faz dela filosofia e não outra coisa qualquer.

Não podemos identificar a filosofia com nenhuma dessas três atitudes porque nenhuma delas é específica da filosofia, "a contemplação, a reflexão, a comunicação não são disciplinas, mas máquinas de constituir Universais em todas as disciplinas" (Deleuze e Guattari 1992, p. 15). Por outro lado, é próprio da filosofia criar conceitos que permitam a contemplação, a reflexão e a comunicação, sem os quais elas não poderiam existir.

Se a filosofia ganha densidade e identidade como a empresa de criação conceitual, então cai por terra e perde o sentido a questão sempre discutida da utilidade da filosofia, ou mesmo o anúncio reincidente de sua morte, de sua superação. Deleuze (1992, p. 170) escreveu que:

> A filosofia consiste sempre em inventar conceitos. Nunca me preocupei com uma superação da metafísica ou uma morte da filosofia. A filosofia tem uma função que permanece perfeitamente atual, criar conceitos. Ninguém pode fazer isso no lugar dela. Certamente, a filosofia sempre teve seus rivais, desde os "rivais" de Platão até o bufão de Zaratustra. Hoje é a informática, a comunicação, a promoção comercial que se apropriam dos termos "conceito" e "criativo", e esses "conceituadores" formam uma raça atrevida que exprime o ato de vender como o supremo pensamento capitalista, o *cogito* da mercadoria. A filosofia sente-se pequena e só diante de tais potências, mas, se chegar a morrer, pelo menos será de rir.

Uma outra crítica interessante é aquela que Deleuze e Guattari dirigem à discussão. Estamos acostumados a ver a filosofia como uma forma de debate, de discussão, fiéis ao agonismo grego nas próprias origens da filosofia. Mas eles vão mostrar que, na perspectiva da filosofia como criação de conceitos, a discussão até que pode fornecer elementos para a criação de novos conceitos, mas não é nela, discussão, que consiste a atividade filosófica.

> É por isso que o filósofo tem muito pouco prazer em discutir. Todo filósofo foge, quando ouve a frase: vamos discutir um pouco. As discussões são boas para as mesas-redondas, mas é sobre uma outra mesa que a filosofia joga seus dados cifrados (...). A filosofia tem horror a discussões. Ela tem mais que fazer. O debate lhe é insuportável, não porque ela é segura demais de si mesma: ao contrário, são suas incertezas que a arrastam para outras vias mais solitárias. Contudo, Sócrates não fazia da filosofia uma livre discussão de homens livres? Não é o auge da sociabilidade grega como conversação entre amigos? De fato, Sócrates tornou toda discussão impossível, tanto sob a forma curta de um *agôn* de questões e respostas, quanto sob a forma longa de uma rivalidade de discursos. Ele fez do amigo o amigo exclusivo do conceito, e do conceito o impiedoso monólogo que elimina, um após o outro, todos os rivais. (Deleuze e Guattari 1992, pp. 41-42)

Destaquei aqui da obra de Deleuze e Guattari alguns pontos que me parecem básicos para elaborar algumas considerações sobre o exercício do ensino de filosofia como uma *atividade com conceitos* e, quem sabe, de criação de conceitos.

O primeiro desses aspectos diz respeito à crítica sobre as formas que normalmente as aulas de filosofia assumem em nossas escolas. Não são poucas as metodologias de ensino de filosofia que, remetendo-nos a Sócrates e à maiêutica, defendem e definem as aulas de filosofia como aulas fundadas no diálogo. Nesse diálogo, cada um expõe sua *opinião* e se procura construir determinados consensos sobre os assuntos em discussão. Mas se tomarmos a figura clássica de Sócrates, como alguém que faz nascer a verdade, que de fato já residiria em cada um, serão as aulas de filosofia experiências nas quais se burilam as diferentes opiniões, conseguindo passar delas para os conceitos? Ou se ficaria meramente no nível da conversação de opiniões? Nesse caso, a aula nada teria de filosófica, pois Sócrates e Platão, por exemplo, buscavam transitar da *doxa* para a *episteme*, afirmando ser esse o movimento da filosofia. No entanto, vimos no trecho citado anteriormente que Deleuze e Guattari ousaram colocar em questão essa figura "imaculada" de Sócrates: não seria ele, ao contrário, um hábil e ardiloso retórico, que conseguia bater qualquer rival no diálogo, transformando-o num monólogo? Se virmos Sócrates dessa maneira, que restará das aulas de filosofia como diálogo?

Há ainda outro problema em relação a se perceber as aulas de filosofia fundadas na metodologia do diálogo: sobre o que se deve dialogar? Ou, dizendo de outra maneira: qual deve ser o conteúdo do diálogo? Qualquer assunto serviria, o que importa é a forma, ou há assuntos que podem ser tratados filosoficamente e outros que não podem? Ou, ainda, haveria aqui uma necessidade intrínseca de articular forma e conteúdo? Conheço muitos professores que se contentam, em suas aulas de filosofia – seja em que nível for –, em promover debates e discussões. Partem do princípio de que, por si só, a metodologia do debate, do diálogo, ou seja lá o nome que queiramos dar a isso, faz com que a aula seja "filosófica".

Mas será que numa aula desse tipo os alunos "produzem" alguma coisa? Será que mesmo o professor "produz"? Numa aula assim estaria garantida a atividade com conceitos? Seriam produzidos conceitos, ou pelo menos os alunos teriam acesso a conceitos, no sentido deleuziano do termo? Tenho sérias dúvidas a esse respeito.

Outra forma que as aulas de filosofia assumem é a da contemplação, e aí vemos o completo desastre da filosofia como atividade criadora, pois a contemplação, pelo menos no âmbito didático-filosófico, leva quase que invariavelmente a uma estagnação, a uma paralisia. Nesse modelo, os alunos são levados a contemplar determinadas questões, tal como pensadas pelos filósofos, e delas tirar algumas conclusões. Essas questões para contemplação podem ser apresentadas de forma histórica ou temática, mas em ambos os casos não se espera uma atividade mais produtiva.

Por fim, temos a aula de filosofia como espaço de reflexão, também com a possibilidade de uma apresentação mais temática ou mais histórica – ou mesmo com um cruzamento de ambas as perspectivas –, porém, aqui, o objetivo seria o de levar os alunos a uma atividade de reflexão sobre tais temas ou problemas. Não retomarei as críticas já apresentadas à filosofia como reflexão, apenas reitero que, da perspectiva deleuziana, nenhuma reflexão é, por si só, filosófica – e, portanto, não seria apenas pelo fato de exercitar a reflexão em sala de aula que estaríamos produzindo uma aula de filosofia.

Dessa forma, parece-me que o fundamental, para as aulas de filosofia, é se tomar a filosofia como uma atividade, o que nos levaria para além do clássico debate entre Kant e Hegel: ensina-se a *filosofia* (isto é, *conteúdo*) ou o *filosofar* (isto é, *processo*)? Trabalhar a filosofia como atividade nos remete para uma dimensão em que o processo não se separa do produto; um só pode ser tomado com o outro e pelo outro. Sendo assim, conceber a aula de filosofia como um diálogo, debate ou, ainda, como reflexão (todos apenas processo) não garante sua especificidade, sua "identidade" filosófica. Falta algo. Falta justamente aquilo que Deleuze e Guattari vão identificar como o *conceito*, que é processo e produto ao mesmo tempo.

Bem, se estamos trabalhando aqui com a proposta de Deleuze e Guattari de conceber a filosofia como atividade de criação conceitual e de que as aulas de filosofia no ensino médio estejam, portanto, centradas no conceito, é preciso esclarecer o que é o conceito.

Em primeiro lugar, vale repetir que, para esses autores, apenas a filosofia produz conceitos. A ciência não opera com conceitos, mas com o que eles chamam de "prospectos", percepções do real que ela exprime em proposições ou funções; a arte, por sua vez, lida com "perceptos" e "afectos", que são expressos nas obras (sejam plásticas, literárias, musicais etc.). Dessa forma, não faria sentido falar em "conceitos artísticos" ou "conceitos científicos", na mesma medida em que a expressão "conceito filosófico" seria uma redundância. Como há uma relação intrínseca entre essas três formas de experimentar o mundo e produzir saberes, cada uma segundo suas próprias características, a filosofia bebe nas artes e ciências para produzir conceitos e pode produzir conceitos para elas. Mas a produção de conceitos é uma atividade filosófica e os conceitos são sempre objetos da filosofia.

Frédéric Cossutta (1994, p. 40), ao tratar do conceito, escreveu que:

> *Mas é precisamente o conceito que constitui o intermediário entre a imagem e a forma, entre o vivido e o abstrato.* A filosofia faz usos variados do conceito, mas não há filosofia que não se refira a ele, se preciso trabalhando seus limites, no caminho da abstração universalizante (ver o projeto leibniziano de uma característica universal). Mas, se a abstração é vazia de sentido, ou se a imagem e o eu se expõem fora de qualquer forma, a filosofia seguramente anuncia sua própria morte (...). Se a filosofia nada mais é do que o conceito, é que ela é propriamente reexame e redefinição do conceito.

Tomando-se, pois, como premissa que o conceito é fruto da filosofia, Deleuze e Guattari vão apresentá-lo como uma forma de exprimir o mundo, o *acontecimento*. O próprio conceito se faz acontecimento, ao dar destaque, relevância para um determinado aspecto do real. O conceito aparece então como uma forma própria da filosofia de construir compreensões para o real, diferentemente da ciência, que busca encontrar nesse mesmo real as funções que permitam compreendê-lo. Todo conceito é particular e assinado: cada filósofo, como singularidade, cria seus próprios conceitos em sua relação com o mundo e, com isso, cria seu próprio estilo: uma forma particular de pensar e de escrever.

Os conceitos são criados a partir de problemas, colocados sobre um *plano de imanência*. Esse plano é o próprio solo dos conceitos e, portanto, da filosofia, e é traçado pelo filósofo tendo como elementos o tempo e o lugar em que vive, suas leituras, suas afinidades e desavenças. É nesse plano que surgem os problemas, e são os problemas que movem a produção conceitual. Cada filósofo ou traça seu próprio plano, ou então escolhe transitar por um plano já traçado: é por isso que é possível se falar, por exemplo, em *platonismo*, uma vez que outros filósofos optaram por habitar o plano de imanência traçado por Platão e a produzir conceitos "platônicos", na esteira da produção do mestre.

Muitas vezes assistimos a verdadeiras "apropriações" de conceitos. Mas tomar o conceito de outro filósofo para si é ressignificá-lo, fazer sua desterritorialização de um plano e sua reterritorialização em outro plano. Portanto, o "roubo" de um conceito está longe do plágio, pois acaba sendo um ato criativo: roubar um conceito, trazendo-o para seu contexto, é torná-lo outro, é recriá-lo. E apresentar o mundo através de conceitos é, como disse anteriormente, uma maneira de assiná-lo. É por isso que podemos falar num universo newtoniano, num mundo cartesiano, platônico ou kantiano, apenas para citar uns poucos exemplos.

A filosofia entendida como produção conceitual não tem, pois, a menor pretensão à universalidade e à unidade: cada filósofo assina seu mundo, e seu instrumental conceitual é composto por ferramentas que usamos ou não, conforme sejam, ou não, interessantes para nossos problemas. Ou, para usar outra metáfora, as diferentes filosofias aparecem como diferentes lentes, cada uma delas nos mostrando diferentes facetas do mundo. E, claro, não se trata aqui de colocar as diferentes filosofias em disputa, esperando que uma triunfe sobre as demais, mas apreender a possibilidade da convivência – tranquila ou não – entre elas.

As três potências do pensamento: Relações da filosofia com a arte e a ciência

Como vimos, aprendemos com Deleuze e Guattari que vivemos sempre à beira do caos, que ameaça nos tragar. Cair no caos é ceder ao não pensamento. Há uma promessa de segurança: a opinião nos oferece proteção contra o caos. A opinião promete nos manter afastados do caos, na segurança do pensamento correto, na segurança de sempre saber que decisão tomar. Mas a promessa da opinião é um canto de sereia, afirmam os filósofos franceses, pois é impossível vencer o caos. Aquilo que a opinião oferece é uma falsa saída. É também, a seu modo, uma forma de não pensamento, pois a falsa sensação de segurança nos impede de arriscar e, fora do risco, não há criatividade ou pensamento possíveis.

Numa conferência feita para cineastas em 1987, Deleuze sublinhou os sentidos do ato de criação no pensamento.[3] Afirmou que criar significa "ter uma ideia" e que isso é raro, é um acontecimento. Não se tem uma ideia em geral, mas sempre em um determinado domínio: tem-se uma ideia para fazer um filme, do mesmo modo que se tem uma ideia em filosofia. Se a primeira ideia se traduz em um filme, a segunda se materializa em um conceito. Segundo ele, todo criador, seja um artista, um cientista ou um filósofo, age por necessidade, não por impulso; é a vivência sensível de um problema que leva a criar, a ter algo a dizer aos outros. Ele frisou que a criação se dá nos domínios da arte, da ciência e da filosofia, cada uma a seu modo.

> Tudo tem uma história. A filosofia também conta histórias. Histórias com conceitos. O cinema conta histórias com os blocos de movimentos/duração. A pintura inventa um tipo de blocos completamente outro. Eles não são nem blocos de conceito, nem blocos de movimentos/duração, mas blocos de linhas/cores. A música inventa um outro tipo de blocos, totalmente particular. Ao lado de tudo isso, a ciência não é menos criadora. Eu não vejo oposições entre as ciências e as artes. (Deleuze 2003, p. 293)

É essa ideia de criação, a partir de elementos diferentes e compondo blocos absolutamente diferenciados, que leva Deleuze e Guattari a afirmarem que há *três potências do pensamento*, que ousam mergulhar no caos para nele encontrar a criatividade, retornando como vencedores, sem perder-se no não pensamento. Cada uma dessas três potências age de

---

3. A conferência foi proferida na Fundação Europeia para os Trabalhos com Imagem e Som (Femis), a principal escola francesa de cinema, em 17 de março de 1987. Intitulada "Qu'est-ce que l'acte de création?" (O que é o ato de criação?), foi filmada e está disponível em formato digital na edição em DVD do documentário de Pierre-André Boutang e Claire Parnet, *L'abécédaire de Gilles Deleuze*. A transcrição completa só seria publicada em 1998, na revista *Trafic*, n. 27. O texto foi publicado no segundo volume da edição de textos e entrevistas de Deleuze organizado por David Lapoujade, *Deux régimes de fous*, ainda sem tradução no Brasil.

modo próprio; cada uma delas cria de forma diferente; e cada uma delas tem um produto distinto. Assim, sendo completamente distintas, elas são complementares: cada uma nos oferece sua contribuição específica.

As três potências do pensamento são a arte, a ciência e a filosofia. Em seu mergulho no caos, a arte traça um plano de composição e cria perceptos e afectos. A ciência, por sua vez, traça um plano de referência e cria funções. Já a filosofia traça um plano de imanência e cria conceitos. Pensar por perceptos, pensar por funções ou pensar por conceitos são as três modalidades do pensamento criativo, produtivo, que não apenas repete o já pensado, que não cede aos apelos da opinião.

Arte, ciência e filosofia nada nos prometem, mas nos convidam a pensar, a experimentar, a buscar novos caminhos, novos acontecimentos. Estão em constante luta contra a opinião, que nos promete a segurança do mesmo, do já pensado, de uma suposta fuga do caos.

Embora sejam completamente distintas e independentes, essas três potências do pensamento se interpenetram, se atravessam e se transversalizam. Cada uma delas precisa das outras para criar, embora crie algo diferente. Há três ordens de interferências que se estabelecem entre essas três disciplinas do pensamento: a extrínseca, a intrínseca e a ilocalizável.

> Um primeiro tipo de interferência aparece quando um filósofo tenta criar o conceito de uma sensação, ou de uma função (por exemplo um conceito próprio ao espaço riemanniano, ou ao número irracional...); ou então, quando um cientista cria funções de sensações, como Fechner ou nas teorias da cor ou do som, e mesmo funções de conceitos, como Lautman mostra para as matemáticas, enquanto estas atualizariam conceitos virtuais; ou quando um artista cria puras sensações de conceitos, ou de funções, como vemos nas variedades de arte abstrata, ou em Klee. A regra, em todos estes casos, é que a disciplina interferente deve proceder com seus próprios meios (...). São portanto interferências extrínsecas, porque cada disciplina permanece sobre seu próprio plano e utiliza seus elementos próprios. (Deleuze e Guattari 1992, pp. 277-278)

Nessas interferências criativas, uma disciplina atravessa a outra, ou deixa-se atravessar por outra, gerando um processo criativo próprio. O segundo tipo implica um deslocamento de planos. Deleuze e Guattari (*idem*, p. 278) continuam:

> Mas um segundo tipo de interferência é intrínseco, quando conceitos e personagens conceituais parecem sair de um plano de imanência que lhes corresponderia, para escorregar sobre um outro plano, entre as funções e os observadores parciais, ou entre as sensações e as figuras estéticas; e o mesmo vale para os outros casos.

Desse segundo tipo de interferência, os autores citam *Assim falava Zaratustra* na filosofia de Nietzsche, uma obra que mais parece um romance, uma obra literária. Trata-se, assim, de criar conceitos (atividade filosófica) sobre um plano de composição, estético, isto é, no terreno da arte. Por fim, há ainda as interferências que eles chamam de ilocalizáveis, na medida em que remetem a um *fora*, à relação da disciplina do pensamento com seu negativo.

> É que cada disciplina distinta está, à sua maneira, em relação com um negativo: mesmo a ciência está em relação com uma não-ciência, que lhe devolve seus efeitos. Não se trata de dizer somente que a arte deve nos formar, nos despertar, nos ensinar a sentir, nós que não somos artistas – e a filosofia ensinar-nos a conceber, e a ciência a conhecer. Tais pedagogias só são possíveis, se cada uma das disciplinas, por sua conta, está numa relação essencial com o Não que a ela concerne (...). *A filosofia precisa de uma não filosofia que a compreenda, ela precisa de uma compreensão não-filosófica, como a arte precisa da não-arte e a ciência da não-ciência.* (*Idem*, pp. 278-279)

Cada uma das potências do pensamento vale-se, então, dessa relação com seu negativo, com seu *fora*, com aquilo que é exterior a seu plano específico, para poder constituir uma *pedagogia* própria. Disso podemos inferir que só se aprende a criar artisticamente em relação ao fora da arte, da mesma maneira que só se aprende a criar filosoficamente por intermédio da relação com o não filosófico. De modo que uma *pedagogia filosófica* – ou uma *pedagogia do conceito*, como a defendida por Deleuze e Guattari – ganha *status* filosófico, na medida em que essa pedagogia, essa relação com o não filosófico é constitutiva da própria filosofia.[4]

Na situação escolar, portanto, a filosofia como disciplina curricular não pode estar isolada das demais. Há, sim, uma transversalidade intrínseca da filosofia; mas não no sentido diluidor apresentado nos PCNs, mas uma transversalidade afirmada com base em seu caráter disciplinar, em sua especificidade no trato com o conceito. No ensino, o atravessamento da filosofia por outras disciplinas, bem como o seu atravessamento de outros campos disciplinares, é salutar e desejável, na busca de um ensino significativo e de qualidade.

---

4. O que reafirma, em outro nível de argumentação, as relações entre filosofia e ensino que defendemos no capítulo anterior ao afirmar a "aprendizibilidade" da filosofia.

3. Problema e conceito:
Problematização e ensino de filosofia

De modo geral, experimentamos ensinar a filosofia de maneira *escolástica*, isto é, de modo que seja transmitido, de forma organizada e metódica, certo *corpus* de conhecimentos construídos ao longo da história. No âmbito de uma didática da filosofia, preocupamo-nos então com a transmissibilidade desses conhecimentos, como transpô-los a fim de que sejam assimiláveis pelos estudantes. Nesse registro, estamos mais preocupados com o ensinar do que com o aprender, uma vez que se toma como premissa que o que é aprendido é aquilo que é ensinado. Também é comum que o professor ensine filosofia com base em uma "imagem de pensamento" (conforme Deleuze 2006a), isto é, ele ensina fundamentando-se em uma determinada concepção de filosofia e de pensamento que mobiliza e define sua própria forma de pensar, assim como a forma de pensar que induzirá nos estudantes. Ensinando no âmbito de uma dada imagem de pensamento, o professor já definiu de antemão o que significa pensar e o que e como deve ser pensado pelos estudantes. O que o ensino de filosofia mobiliza no estudante, nesse caso, é uma espécie de "recognição", isto é, o estudante é levado a pensar o já pensado.

Jacques Rancière denominou tal ensino de "explicador", na medida em que se centra no processo de um mestre que explica ao discípulo uma verdade. E ele está presente desde nossas origens, desde as origens do ensino dar filosofia. É precisamente disso que trata a *alegoria da caverna*: o filósofo que faz o percurso do aprendizado, libertando-se da contemplação das sombras, tem uma espécie de "dever moral" de retornar à caverna e *ensinar* a seus iguais o caminho da verdade. A questão é que hoje vivemos numa espécie de "sociedade pedagogizada", para usar a expressão de Rancière, que se produziu pelo exercício da máquina explicadora. Tal sociedade é embrutecedora, pois, ao ligar o aprendizado à explicação, coloca na figura central do mestre a figura daquele de que não podemos prescindir.

Mas há ao menos uma disciplina em que essa lógica é (ou pode ser) colocada em questão, pela sua própria natureza: a filosofia, esse conhecimento aberto por excelência, que aposta mais no *problema* do que na *solução*. A lógica da explicação, que parte de uma solução já dada, é, então, antifilosófica. Por isso, a presença da filosofia na escola pode ser um foco para desestabilizar essa *pedagogização* explicadora. Como vimos no Capítulo 1 deste livro, Rancière propôs que a filosofia seja na escola o lugar da experimentação do sentimento de ignorância, que se coloca na contramão da lógica explicadora.

Se a filosofia é o sentimento de ignorância, é porque nela é fundamental a experiência do *problema*. Não se produz filosofia sem um problema, o que nos leva a afirmar que o problema é o *motor* da experiência filosófica de pensamento. Essa constatação levou González Porta (2002, p. 29) a afirmar que "o não atentar ao problema degrada o ensino ou o estudo filosófico a um contar ou escutar histórias". E nos faz questionar: o que pretendemos ao ensinar a filosofia? O que pretendemos que os estudantes aprendam, ao estudar filosofia?

Se esperarmos da filosofia uma espécie de *ensino ativo*, mobilizado para que o estudante seja capaz de pensar por si mesmo (isto é, um *aprendizado ativo*), para além das experiências em que sua atividade não é mais do que uma "recognição", como afirmado anteriormente, então é necessário que ele faça a experiência do conceito, a experiência do pensamento conceitual. Para tanto, o processo educativo deve ter por base a experiência do problema como mobilizador e motor do pensamento, para que seja possível a criação conceitual. Esse parece ser o único caminho possível para que o ensino de filosofia não seja um mero "contar histórias" e seu estudo um mero "escutar histórias".

O problema como motor do pensamento

Em duas obras publicadas no final da década de 1960 (*Lógica do sentido* e *Diferença e repetição*), Gilles Deleuze tematizou a linguagem (a produção do sentido) e o pensamento, visando constituir uma filosofia da diferença, para além da filosofia da representação, que coloniza nosso pensamento desde a Antiguidade. Nessas duas obras, especialmente na segunda, o problema desempenha um papel central, como aquilo que mobiliza o pensamento e o move, como aquilo que faz pensar. Desde a Antiguidade que se procura atribuir certa "naturalidade" ao pensamento; ele faria parte de uma suposta natureza humana, sendo próprio do ser humano pensar. Lembremo-nos, por exemplo, de Aristóteles, que definiu o ser humano como *zoon logon echon*, isto é, o animal portador da palavra, o animal que pensa – ou o "animal racional", como ficou largamente conhecida sua formulação. Ora, essa imagem é representacional, é produzida pelo próprio pensamento para justificar-se. Para Deleuze, o pensamento não é "natural", mas forçado. Só pensamos porque somos forçados a pensar. E o que nos força a pensar? O problema.

> Há no mundo alguma coisa que força a pensar. Este algo é objeto de um *encontro* fundamental e não de uma recognição. O que é encontrado pode ser Sócrates, o templo ou o demônio. Pode ser apreendido sob tonalidades afetivas diversas, admiração, amor, ódio, dor. Mas, em sua primeira característica, e sob qualquer tonalidade, ele só pode ser sentido. É assim que ele se opõe à recognição, pois o sensível, na recognição, nunca é o que só pode ser sentido, mas o que se relaciona diretamente com os sentidos num objeto que pode ser lembrado, imaginado, concebido (...). Aquilo que só pode ser sentido (o *sentiendum* ou o ser do sensível) sensibiliza a alma, torna-a "perplexa", isto é, força-a a colocar um problema, como se o objeto do encontro, o signo, fosse portador de problema – como se ele suscitasse problema. (Deleuze 2006a, pp. 203-204)

Vemos, assim, que o problema não é uma operação puramente racional, mas parte do sensível; a experiência problemática é sentida, vivenciada, para que possa ser racionalmente equacionada como problema. Por isso o problema é sempre fruto do encontro; há um encontro, uma experiência que coloca em relação elementos distintos e que gera o problemático. E se o problema é o que força a pensar, somos levados a admitir que o princípio (origem) do pensamento é sempre uma experiência sensível. Deleuze contrapõe-se, pois, a Platão e à teoria da recognição. Pensar não é reconhecer, não é recuperar algo já presente na alma. Pensar é experimentar o incômodo do desconhecido, do *ainda-não* pensado e *construir* algo que nos possibilite enfrentar o problema que nos fez pensar.

Se o problema é fruto de uma experiência sensível, podemos relacioná-lo com dois outros conceitos de Deleuze. O problema é da ordem do *acontecimento*, os problemas são acontecimentos e, portanto, caóticos e imprevisíveis. E o problema é sempre uma *singularidade*, por sua vez composto por um agenciamento de singularidades.

Para compreender essas aproximações, essas vizinhanças conceituais, visitemos a definição de problema em Deleuze, segundo Jean-Clet Martin e Arnaud Villani, em *Le vocabulaire de Gilles Deleuze*:

> Se o teorema é uma regra possível de ser aplicada a todos os casos que ela envolve sob sua jurisdição, o problema impõe-se perante um fato para o qual nós não dispomos de nenhuma fórmula capaz de guiar-nos em sua descrição, necessariamente desmembrada por um conjunto de singularidades que não se põem de acordo sob a autoridade de um fio condutor, sabendo que suas vizinhanças só podem agenciar-se de modo heterogêneo. (*In* Sasso e Villani 2003, p. 289)

Essa é uma formulação complexa, pois complexa é a noção de problema trabalhada por Deleuze. Se o teorema é generalizante, abarcando uma série de casos, o problema é sempre singular e não apresenta uma fórmula predeterminada. O problema nos move a pensar justamente porque não somos capazes de compreendê-lo de antemão; ele não nos oferece uma resposta pronta, mas se apresenta para nós como um desafio a ser enfrentado, para o qual uma resposta precisa ser *construída*. Todo problema é multiplicidade, na medida em que é composto por um conjunto de singularidades. Em *Lógica do sentido* Deleuze aproximou o problema do acontecimento, ao afirmar que o acontecimento é problematizante. Além disso, o problema é também da ordem do acontecimental, na medida em que é resultante da conjunção de singularidades, que presidem à própria gênese das suas soluções.

> O acontecimento por si mesmo é problemático e problematizante. Um problema, com efeito, não é determinado senão por seus pontos singulares que exprimem suas condições. Não dizemos que, por isto, o problema é resolvido: ao contrário, ele é determinado como problema (...). Parece, pois, que um problema tem sempre a solução que merece segundo as condições que o determinam enquanto problema; e, com efeito, as singularidades presidem à gênese das soluções da equação. (Deleuze 1998, p. 57)

Assim, um problema nunca tem sua solução dada, mas ela depende de como se agenciam as singularidades que o compõem. Como multiplicidade, o problema é agenciamento, e pode ser articulado de inúmeras formas. O problema é resultado desses encontros e agenciamentos que se dão pelas vizinhanças das singularidades e, por sua vez, também produz suas possíveis soluções mediante tais encontros e vizinhanças.

Com essa abordagem, Deleuze procura livrar o problema de um caráter subjetivo e de algo que é superado pela solução no processo de construção do conhecimento. Para Deleuze, o problema é objetivo, é uma experiência sensível, como já afirmado. Visitemos ainda um trecho de *Lógica do sentido*, em que isso é explicitado:

> Devemos, assim, romper com um longo hábito de pensamento que nos faz considerar o problemático como uma categoria subjetiva de nosso conhecimento, um momento empírico que marcaria somente a imperfeição

> de nossa conduta, a triste necessidade em que nos encontramos de não saber de antemão e que desapareceria com o saber adquirido. O problema pode muito bem ser recoberto pelas soluções, nem por isto ele deixa de subsistir na Idéia que o refere às suas condições e organiza a gênese das próprias soluções. Sem esta Idéia as soluções não teriam sentido. O problemático é ao mesmo tempo uma categoria objetiva do conhecimento e um gênero de ser perfeitamente objetivo. (*Idem*, p. 57)

Dizendo de outra maneira, não podemos tomar o problema como um "falso problema", como algo artificial, que utilizamos como instrumento para a construção do pensamento. Não podemos transformar o problema em método, em metodologia, como etapa a ser superada. Ou o problema é objetivo, isto é, fruto da experiência, ou não é problema. E se não é problema, não é agenciador de experiências de pensamento. Aí reside, no dizer de John Rajchman, o *empirismo* de Deleuze.[1]

> Tentativas pedagógicas procuraram obter a participação de alunos, mesmo muito jovens, na confecção de problemas, em sua constituição, em sua posição como problemas. Ainda mais, todo mundo "reconhece" de certa maneira que o mais importante são os problemas. Mas não basta reconhecê-lo de fato, como se o problema fosse tão-somente um movimento provisório e contingente, fadado a desaparecer na formação do saber, e que só devesse sua importância às condições empíricas negativas a que se encontra submetido o sujeito cognoscente; é preciso, ao contrário, levar esta descoberta ao nível transcendental e considerar os problemas não como "dados" (*data*), mas como "objetividades" ideais que têm sua suficiência, que implicam atos constituintes e investimentos em seus campos simbólicos. Em vez de concernir às soluções, o verdadeiro e o falso afetam em primeiro lugar os problemas. (Deleuze 2006a, pp. 228-229)

---

1. Segundo Rajchman, Deleuze, em seu primeiro livro, sobre a filosofia de Hume (*Empirisme et subjectivité*, 1953), reage contra uma tentação de seus contemporâneos franceses de reinstalar a transcendência, procurando retomar as bases do empirismo para o pensamento. Ver *Deleuze un mapa*, especialmente o capítulo II, *Experimentación*.

Os falsos problemas não são problemas, de fato, e para o movimento do pensamento de nada valeria o desenvolvimento de uma "pedagogia do problema" que o tomasse de maneira artificial, apenas como algo que permitisse uma construção racional argumentativa. De novo, estaríamos no reino da recognição, e não do pensamento "virgem", "genital",[2] de que fala Deleuze. Seria como o interlocutor de Sócrates, nos diálogos de Platão, que não passa de uma "escada" para a construção argumentativa do mestre. Uma verdadeira "pedagogia do problema" perderia, necessariamente, seu caráter de "pedagogia", de condução. Pois o enfrentamento do problema não pode ser conduzido, a experiência do pensamento não pode ser conduzida, ou deixa de ser experimentação, perde sua "objetividade", sua "genitalidade", em nome de uma construção artificial da ordem da recognição. E uma verdadeira "pedagogia do problema" perderia seu caráter de método, uma vez que método também implica condução, organização, orientação, e tudo isso impede a *genitalidade*, a originalidade do pensamento, o ato de criação. Ainda está para ser inventada essa "pedagogia do problema", mas o que a ela caberia seria o estabelecimento do problemático, a invenção de experimentações que levassem cada um a experimentar seus problemas e, a partir deles, "engendrar pensar no pensamento".

As pedagogias do problema que conhecemos fracassaram[3] porque tomaram falsos problemas, porque tomaram o problema como interrogação,

---

2. Deleuze, em *Diferença e repetição*, recorre a Artaud para identificar pensamento e criação, quando este afirma que o problema, para ele, não é como "orientar" seu pensamento, mas sim que chegue a pensar algo. E esclarece: "[*Artaud*] Sabe que pensar não é inato, mas deve ser engendrado no pensamento. Sabe que o problema não é dirigir, nem aplicar metodicamente um pensamento preexistente por natureza e de direito, mas fazer que nasça aquilo que ainda não existe (...). Pensar é criar, não há outra criação, mas criar é, antes de tudo, engendrar "pensar" no pensamento. Eis por que Artaud opõe, no pensamento, a genitalidade ao inatismo, mas, igualmente, à reminiscência, estabelecendo, assim, o princípio de um empirismo transcendental..." (2006a, p. 213).
3. Fracassaram segundo o ponto de vista assumido neste texto, de tomar o problema como mobilizador de um pensamento original, criativo. Se as tomarmos em suas próprias bases, a de fazer uma "reconstrução" dos processos de produção do conhecimento (o que Deleuze chama de "recognição"), elas podem afirmar seu próprio sucesso. A máquina conceitual deleuziana, porém, fornece-nos os instrumentos para colocar isso em questão.

como pergunta. Segundo Deleuze (2006a, pp. 225-227), a interrogação pressupõe já a resposta, uma vez que ela é calcada sobre as respostas desejadas, além do fato de que toda interrogação pressupõe uma espécie de "comunidade de sentido" que lhe garante o significado e a compreensão coletiva. A interrogação constitui, assim, uma espécie de "traição" ao problema, uma vez que ela o desmembra e o recoloca no âmbito da recognição, do pensar o já pensado e não no estabelecimento "virgem" do pensamento.

Se a interrogação pode ser tomada pelo problema, é porque o problema é equivocadamente tomado como proposição. Deleuze contrapõe-se a Aristóteles, para quem toda proposição pode ser transformada em problema, ao afirmar: "por não ver que o sentido ou o problema é extraproposicional, que ele difere, por natureza, de toda proposição, perde-se o essencial, a gênese do ato de pensar, o uso das faculdades" (2006a, pp. 226-227). Podemos afirmar, portanto, que o problema é mais do que sua enunciação linguística. Quando analisou, com Guattari, os postulados da linguística em *Mil platôs*, Deleuze afirmou que a linguagem é constituída por "palavras de ordem": "a unidade elementar da linguagem – o enunciado – é a palavra de ordem" (1995, p. 12). Enunciar linguisticamente um problema significa transformá-lo em palavra de ordem, retirar, dele, seu caráter problemático. Por essa razão o uso escolar do problema, sua metodologização, sua pedagogização está fadada a fracassar, uma vez que perde aquilo que é próprio dele como experiência sensível: o engendramento do pensamento no próprio pensamento e não fora dele, na linguagem.

Para Deleuze (2006a, p. 232), o problema é o "elemento diferencial no pensamento", é ele que possibilita que uma verdade seja construída:

> Estranho marcar passo e círculo vicioso pelos quais o filósofo pretende levar a verdade das soluções aos problemas, mas, ainda permanecendo prisioneiro da imagem dogmática, remete a verdade dos problemas à possibilidade de suas soluções. O que se perde é a característica interna do problema como tal, o elemento imperativo interior que decide, antes de tudo, de sua verdade e de sua falsidade e que mede seu poder de gênese intrínseca: o próprio objeto da dialética ou da combinatória, o "diferencial". Os problemas são provas e seleções. O essencial é que,

no seio dos problemas, faz-se uma gênese da verdade, uma produção do verdadeiro no pensamento. O problema é o elemento diferencial no pensamento, o elemento genético no verdadeiro.

Mais importante do que resolver um problema, do que decalcar a solução sobre o problema, é vivê-lo, experimentá-lo sensivelmente, pois as soluções são engendradas *pelo* próprio problema, *no* próprio problema. São os arranjos das componentes singulares do problema, por seus encontros e por suas vizinhanças, que possibilitarão que se *invente* uma solução que, se já está presente no problema por seus componentes, não está dada, mas precisa ser inventada. Do mesmo modo, como todo problema é multiplicidade, é composto por diversos elementos singulares, distintos arranjos são possíveis, distintas soluções podem ser inventadas. Seria falso afirmar que a cada problema corresponde uma solução. A cada experimentação singular do problema, novas soluções podem ser engendradas.

Por essa razão, diz Deleuze, é importante que cada um tenha direito a seus próprios problemas. É importante que cada um viva o problema como seu, faça sua própria experimentação, e não assuma falsamente o problema imposto por outrem.

> Fazem-nos acreditar que a atividade de pensar, assim como o verdadeiro e o falso em relação a esta atividade, só começa com a procura de soluções, só concerne às soluções. É provável que esta crença tenha a mesma origem que a dos outros postulados da imagem dogmática: exemplos pueris separados de seu contexto, arbitrariamente erigidos em modelos. É um preconceito infantil, segundo o qual o mestre apresenta um problema, sendo nossa a tarefa de resolvê-lo e sendo o resultado desta tarefa qualificado como verdadeiro ou falso por uma autoridade poderosa. E é um preconceito social, no visível interesse de nos manter crianças, que sempre nos convida a resolver problemas vindos de outro lugar e que nos consola, ou nos distrai, dizendo-nos que venceremos se soubermos responder: o problema como obstáculo e o respondente como Hércules. É esta a origem de uma grotesca imagem da cultura, que se reencontra igualmente nos testes, nas instruções governamentais, nos concursos de jornais (em que se convida cada um a escolher segundo seu gosto, com a condição de que este gosto coincida com o de todos). Seja você mesmo, ficando claro que este eu deve

ser o dos outros. *Como se não continuássemos escravos enquanto não dispusermos dos próprios problemas, de uma participação nos problemas, de um direito aos problemas, de uma gestão dos problemas.* (Deleuze 2006a, p. 228; grifos meus)

Penso ser possível afirmar que nesse trecho de *Diferença e repetição* está, de certo modo, condensada a tese que Rancière desenvolveria anos depois em *O mestre ignorante*. Em uma "sociedade pedagogizada", o papel do mestre é central: é ele que coloca os problemas, é ele que nos desafia a resolvê-los, é ele quem julga como falso ou verdadeiro o resultado a que chegamos. Em tal sociedade, somos tratados como crianças, como escravos: como aqueles que não têm direito ao pensamento próprio, ao próprio juízo. A relação pedagógica assim concebida é embrutecedora, pois mantém um grupo social em dependência explícita e permanente de um outro grupo, o dos mestres explicadores. Mantém um grupo como crianças permanentes, como perpetuamente escravos, na medida em que a eles não é permitido experienciar os próprios problemas, verdadeiros problemas, mas apenas os problemas falsos impostos pela palavra de ordem do mestre explicador.

A emancipação intelectual, ao contrário, consiste no exercício do direito aos próprios problemas, na experimentação sensível dos problemas singulares. Apenas assim será possível experimentar um pensamento original, "genital", no dizer de Artaud, que seja engendrado no próprio ato de pensar. Experimentar os próprios problemas: eis a única condição para o exercício do pensamento próprio, de um pensamento autônomo não tutelado, não predeterminado.

Pensar no contexto do já pensado, praticar a recognição, pensar motivado pelos falsos problemas impostos pelos mestres explicadores, tudo isso significa, de acordo com Deleuze, pensar segundo uma imagem dogmática do pensamento, que define de antemão o que é pensar, como pensar, qual o quadro de suas possibilidades. Nesse contexto, não saímos da *doxa*, do exercício de uma ortodoxia[4] que é a repetição do mesmo,

---

4. Sobre a ideia de ortodoxia como manutenção e perpetuação da *doxa*, ver *Diferença e repetição*, p. 196 ss.

ainda que de maneiras diferentes. Por outro lado, ao experimentar os próprios problemas, temos a possibilidade de instaurar um pensamento do novo, o que Deleuze denomina um "pensamento sem imagem": "o pensamento que nasce no pensamento, o ato de pensar engendrado em sua genitalidade, nem dado no inatismo nem suposto na reminiscência, é o pensamento sem imagem" (2006a, p. 240).

Pensar sem imagens, para além do já pensado, instituindo uma novidade no pensamento. Mas o que será essa novidade? O que é criado, no ato de pensamento? O que se coloca para além do dogmatismo da imagem dada de antemão? Em *Diferença e repetição* e em outros textos da época e mesmo posteriores, Deleuze fala em criar ideias, em "ter uma Idéia". Em textos do final da década de 1980, aparece a formulação que estaria presente em *O que é a filosofia?*: o pensamento cria várias coisas; especificamente, no âmbito da filosofia, o pensamento cria *conceitos*. Experimentar problemas em filosofia significa, portanto, mobilizar o pensamento para criar conceitos como enfrentamento a tais problemas.

Experimentar o problema, produzir o conceito

Na conferência proferida para cineastas na Femis, já citada aqui, Deleuze enfrentou o problema do ato de criação no pensamento, falando da criação no cinema e nas artes, de modo geral, na ciência, na filosofia. Tratando da filosofia, antecipa a tese central da obra que publicaria alguns anos mais tarde, afirmando ser a filosofia uma disciplina criadora. Acompanhemos sua argumentação:

> É simples: a filosofia também é uma disciplina criadora, tão inventiva quanto qualquer outra disciplina, e ela consiste em criar ou bem inventar conceitos. E os conceitos não existem desde já feitos, numa espécie de céu em que eles esperassem que um filósofo os agarrasse. É necessário fabricar os conceitos. Certamente, não se os fabrica assim, do nada. Não se diz, um dia, "bem, vou inventar tal conceito", como um pintor não diz,

um dia, "bem, vou fazer um quadro assim", ou um cineasta "bem, vou fazer tal filme"! É necessário que se tenha uma necessidade, em filosofia ou nos outros casos, senão não haverá nada. Um criador não é um padre que trabalha pelo prazer. Um criador não faz nada além do que aquilo que absolutamente necessita. Resta que esta necessidade – que é uma coisa bastante complexa, se ela existe – faz com que um filósofo (aqui, pelo menos eu sei do que ele se ocupa) se proponha a inventar, a criar os conceitos e não se ocupar de refletir, ainda que seja sobre o cinema. (2003b, p. 292)

A necessidade da qual fala Deleuze, que move o ato de criação, é, ao menos no caso da filosofia, o problema. O problema é aquele incômodo que perturba o filósofo, que não lhe permite descansar, que o faz aventurar-se no pensamento e fabricar os conceitos. Em *O que é a filosofia?*, ele afirmou que "não se criam conceitos, a não ser em função dos problemas que se consideram malvistos ou malcolocados" (Deleuze e Guattari 1992, p. 28), sendo isso o que leva a uma "pedagogia do conceito": é preciso saber colocar bem o problema, para que o conceito possa ser criado. Um problema deslocado, tomado do plano de imanência de outro filósofo e colocado em um outro campo problemático, é um novo problema, é um problema próprio, apto a ensejar novos conceitos.

O essencial, afirmam Deleuze e Guattari, é que "todo conceito remete a um problema, a problemas, sem os quais [ele] não teria sentido, e que só podem ser isolados ou compreendidos na medida de sua solução" (1992, pp. 27-28). Isso significa que a tarefa de uma "pedagogia do conceito" seria a de buscar fazer o movimento inverso ao da criação, que parte do problema. Tomando um dado conceito, é necessário perguntar que gênero de solução é ele, a que tipo de problema ou conjunto de problemas ele responde. O problema que, como vimos, é sensível, pré-racional, só pode ser compreendido, isto é, equacionado racionalmente, de forma regressiva, partindo de sua solução, que é o conceito. Assim, diríamos que no estudo da filosofia não se trataria de compreender o *conceito* pelo problema que o suscita, mas, ao contrário, compreender o *problema* com base no conhecimento do conceito que foi produzido a partir dele.

Podemos, portanto, fazer um interessante estudo "escolar" da filosofia, fazendo uso de uma pedagogia do conceito que, de modo algum, seria semelhante a uma "pedagogia do problema", cuja crítica foi apresentada anteriormente, que consiste em colocar falsos problemas, impondo que se pense no âmbito de uma imagem dogmática do pensamento. Uma pedagogia do conceito, ao contrário, teria o mérito de desvendar-nos os mistérios da criação de um conceito, mistérios sempre singulares, concernentes àquele conceito específico. Para cada conceito, um campo problemático, um conjunto de problemas, um conjunto de mistérios envolvidos em sua criação. Por meio de tal "método regressivo" da pedagogia do conceito, poderíamos descobrir esses mistérios, o que, porém, não nos autorizaria a colocar um método para criação de conceitos, uma vez que não há métodos para a criação. Se Deleuze afirmou que "não há método para encontrar tesouros nem para aprender" (2006a, p. 237), podemos acrescentar que não há métodos para criar. Cada criador precisa inventar seu próprio método, seu próprio *estilo* criativo.

Proceder *contraindutivamente*, afirmava o epistemólogo Paul Feyerabend em *Contra o método*, ao procurar desvendar os caminhos da produção do conhecimento na ciência. Não há método posto de antemão, mas a invenção de caminhos com base nos problemas enfrentados. Se falamos em método, falamos *a posteriori*; só é possível identificar o caminho da invenção, da criação, depois que ele foi percorrido. Empirismo radical e absoluto, sem nenhum *a priori*, nenhum inatismo, cujo único ponto de partida possível é o problema tomado como experiência sensível.[5]

Uma pedagogia do conceito, para a qual não há método possível, sob pena de cair na recognição, na imagem dogmática, na não criação, estaria então baseada nesta dupla atividade: *experimentar o problema, produzir o conceito*, uma não sendo possível senão por intermédio da outra, e seus modos de ação sendo sempre singulares, múltiplos, plurais.

---

5. Também Rajchman indica a pista de uma possível relação do empirismo de Deleuze com Feyerabend, quando aponta que "pareceria então que há afinidades entre a obra de Deleuze e o 'empirismo' de Feyerabend, com sua proliferação na ciência de programas não unificados e incomensuráveis" (2004, pp. 24-25).

Por um ensino de filosofia como experiência do pensamento

> A professora não se questiona quando interroga um aluno, assim como não se questiona quando ensina uma regra de gramática ou de cálculo. Ela "ensigna", dá ordens, comanda. Os mandamentos do professor não são exteriores nem se acrescentam ao que ele nos ensina. Não provêm de significações primeiras, não são as conseqüências de informações: a ordem se apóia sempre, e desde o início, em ordens, por isso é redundância. A máquina do ensino obrigatório não comunica informações, mas impõe à criança coordenadas semióticas com todas as bases duais da gramática (masculino-feminino, singular-plural, substantivo-verbo, sujeito do enunciado-sujeito de enunciação etc.). Mais do que o senso comum, faculdade que centralizaria as informações, é preciso definir uma faculdade abominável que consiste em emitir, receber e transmitir palavras de ordem. A linguagem não é mesmo feita para que se acredite nela, mas para obedecer e fazer obedecer. (Deleuze e Guattari 1995, pp. 11-12)

Ensinar é proferir, através da linguagem, palavras de ordem, uma vez que a linguagem está feita para obedecer e fazer obedecer. Com base nessa constatação, o ensino de filosofia só poderia colocar-se por meio da imposição de uma imagem dogmática de pensamento, da instigação a uma recognição, de uma prisão ao pensamento como representação. Mas, valendo-me das teses de Rancière em *O mestre ignorante*, penso ser possível afirmar que a constatação de Deleuze e Guattari acima exposta é válida no contexto da sociedade pedagogizada. Se for possível oferecer resistência à sociedade pedagogizada, ao ensino embrutecedor, por meio de um ensino emancipatório, calcado na ignorância, na possibilidade de construção de uma igualdade de fato entre quem ensina e quem aprende, para além da assimetria pedagógica, então será possível investir em um ensino de filosofia que aposte em um aprendizado ativo, para além da recognição, em um ensino que seja a oportunização de experiências de pensamento, que implique um aprendizado criativo e não simplesmente reprodutivo.

Para tal programa, a pedagogia do conceito apresenta-se como um caminho viável, conforme já exposto, e, para esta, a experiência do problema é fundamental. É necessário maior investimento na problematização, na colocação dos problemas, do que nas soluções. O produto do pensamento (o conceito) é importante; mas ele será mais significativo se nascido da vivência do problema. E é igualmente importante que a produção do conceito não seja conclusiva, mas instigadora de novas interrogações. Acompanhemos um trecho de um comentário de José Gil à edição portuguesa de *Diferença e repetição*:

> Colocar o problema e resolvê-lo implica, pois, um estranho cálculo que procura menos apresentar soluções do que abrir infinitamente o campo dos problemas virtuais contidos no corpo problemático dado (...). Cada singularidade desenrola novas multiplicidades. O cálculo procura desenvolver o campo das diferenças em redor de um dado ponto singular, a fim de determinar o melhor possível a superfície mais vasta das séries diferenciais; só assim conseguiremos abordar o pensamento do singular, isto é, da diferença. (2000, p. 22)

Pensar o ensino de filosofia, pois, como cálculo diferencial do problemático. Desvendar os problemas regressivamente, a partir dos conceitos, a fim de possibilitar a experiência do problema e a criação do conceito. Dar a oportunidade assim, a cada um, da experimentação do pensamento no registro da filosofia. E, como a aprendizagem é caracterizada por Deleuze como os "atos subjetivos operados diante do problema", podemos inferir que o aprendizado do problemático, como experiência do problema, pode redundar na criação do conceito. Eis a noção de aprendiz:

> Com efeito, de um lado, o aprendiz é aquele que constitui e enfrenta problemas práticos ou especulativos como tais. Aprender é o nome que convém aos atos subjetivos operados em face da objetividade do problema (Idéia), ao passo que saber designa apenas a generalidade do conceito ou a calma posse de uma regra das soluções. (Deleuze 2006a, p. 236)

Se o aprendiz de natação é aquele que enfrenta o problema de nadar nadando, o aprendiz de filosofia é aquele que enfrenta o problema do conceito pensando conceitualmente. Não há outro modo de aprender o movimento do conceito, senão lançando-se ao conceito. E como não se pode aprender o conceito senão pelo problema que o incita, o aprendiz de filosofia precisa adentrar nos campos problemáticos, precisa experimentar sensivelmente os problemas, a fim de poder ver engendrado o ato de pensar em seu próprio pensamento.

E como essa experiência é necessariamente singular, como singulares são os componentes do conceito e do problema, o ato de pensar aí engendrado não redunda em uma repetição do mesmo, em uma recognição, uma vez que não se trata de uma imagem dogmática do pensamento, mas de um pensamento sem imagem, virgem, genital.

Tomar o aprendizado da filosofia regressivamente, partindo dos conceitos para poder compreender os problemas que os suscitaram, é algo que mobiliza, no aprendiz de filosofia, a experimentação dos problemas como experiência sensível. Quando isso efetivamente ocorre, está aberto o caminho para o pensamento próprio, instigado pela experiência do problema.

Muita coisa pode ser um problema. Indecifrado e indecifrável, intrigante jogo de hieróglifos, o problema pode ser tudo. Regressivamente, a partir dos conceitos, podemos encontrar muitos problemas, podemos inventar outros problemas. Não os deixemos à sombra! Lançar luz sobre os problemas é forçar a pensar, é produzir a violência benéfica deste feliz encontro que produz o pensamento vivo e criativo.

4. Ensino de filosofia e criação de conceitos: Possibilidades didáticas

O propósito deste capítulo é o de adentrar na questão que é o âmago deste livro, isto é, o "como fazer" de um ensino de filosofia na educação média que não seja uma simples transmissão de informações, mas que seja um exercício do pensamento conceitual. Serão apresentadas aqui duas possibilidades didáticas para viabilizar tal intenção. Por um lado, proporei algumas etapas de trabalho, visando partir de uma problemática filosófica para chegar aos conceitos, ao processo de conceituação, ou seja, a uma experimentação do pensamento conceitual. Por outro lado, apresentarei uma proposta de, com base na leitura de textos filosóficos e na identificação de seus conceitos, fazer o exercício de buscar o problema (ou problemas) que levou(aram) o filósofo a produzir tal conceito. A escolha por uma ou por outra possibilidade depende de como o professor prefere trabalhar, de suas condições de sala de aula, de seus alunos.

Contudo, essas propostas de caminhos não podem ser tomadas como metodologias estanques, que engessem o trabalho do professor, dizendo-lhe como fazer. Como já afirmei em outros momentos, são referenciais, indicações de percurso, que podem e precisam ser adaptados, transformados, redirecionados, segundo a experiência do professor, sua orientação na filosofia, suas condições de trabalho. Para reafirmar essa perspectiva, começarei então por discutir um pouco melhor a questão do método, das metodologias nos processos educativos, antes de entrar nas questões da aula de filosofia propriamente dita.

O professor encontrará, em cada uma das exposições em torno de passos didáticos, algumas exemplificações de trabalho, simplesmente como forma de esclarecer os pontos que serão trabalhados em cada uma delas.

Educar não é "questão de método"

Podemos caracterizar a modernidade como um tempo de utopias. Das utopias políticas às epistemológicas; das utopias sociais às pedagógicas, por exemplo. E como o típico das utopias é que elas não se concretizem, ao menos não de modo absoluto ou definitivo, pois deixariam de ser utopias, talvez, de fato, "jamais tenhamos sido modernos", como professou Bruno Latour (1994).

Nesse panorama de utopias da modernidade, a mais central foi, certamente, a utopia do método. Descartes abriu o século XVII em busca de um método para a filosofia, busca que só seria encerrada – sem sucesso definitivo, ou não seria uma *utopia* – na virada do século XIX para o século XX, com a criação do método fenomenológico por Husserl. A busca pelo método definitivo, perfeito, universal, não ficaria restrita à filosofia ou à ciência; também a pedagogia perseguiu esse ideal, tendo em Comenius o inaugurador dessa busca. O educador morávio escreveu, entre 1627 e 1630 sua *Didática Tcheca*, cuja tradução ao latim, concluída em 1638, seria publicada com o título *Didática Magna*. O subtítulo dessa obra fundadora é significativo: *Tratado da arte universal de ensinar tudo a todos*. Essa formulação de Comenius evidencia o projeto pedagógico moderno: a construção de uma didática – um método – capaz de ensinar qualquer coisa (tudo) a qualquer um (a todos). Do século XVII aos nossos dias, temos visto uma sucessão de métodos de ensino, cada um preocupado em atingir a eficiência máxima.

Esse processo culminou com aquilo que Jacques Rancière (2002) denominou "sociedade pedagogizada". Segundo o filósofo contemporâneo, a sociedade moderna está baseada na ideia de que as inteligências são desiguais e que a construção de uma sociedade democrática, republicana, precisa proceder a uma "redução" dessa desigualdade. Daí a construção dos sistemas de instrução pública, como forma de levar a emancipação intelectual a todos e a cada um. Mas esse jogo é perverso, pois a suposta emancipação está baseada na lógica da explicação: alguém que não sabe só pode aprender quando outra pessoa, que sabe, explica. Isso contribui para manter a assimetria, para manter a desigualdade, provocando o que Rancière denomina "embrutecimento", que é o contrário da emancipação.

A emancipação intelectual, de fato, só pode acontecer quando se toma por premissa outro princípio: a igualdade de inteligências. Uma relação de igualdade entre quem ensina e quem aprende, na qual não há submissão ou assimetria. Uma relação na qual o aprendizado é uma conquista e uma realização de uma inteligência que é capaz por si mesma, que tem no outro um parceiro e não um guia ou uma "muleta".

A crítica de Rancière à sociedade pedagogizada está intimamente relacionada com uma provocação muito interessante lançada por Gilles Deleuze na década de 1960: a afirmação da impossibilidade de se saber como alguém aprende. Em *Proust e os signos* (obra de 1964), o filósofo afirma que o aprendizado é uma relação com os signos, uma espécie de perda de tempo, à deriva, diferente de um processo eficaz e objetivo de assimilação de conteúdos. Aprendemos quando algo nos chama a atenção, nos desperta o desejo, nos captura e entramos em sua rede de sentidos. É a partir desse tipo de encontro não programado e *improgramável* que se pode processar um aprendizado. E é impossível saber como isso acontece. De modo que, continua ele, "nunca se aprende fazendo *como* alguém, mas fazendo *com* alguém, que não tem relação de semelhança com o que se aprende" (2003a, p. 21), uma vez que a relação implicada pelo signo é a heterogeneidade. Dizendo de outro modo, não aprendemos exatamente aquilo que o outro nos transmite, mas aprendemos na relação com ele.

O tema do aprendizado é retomado e mais desenvolvido por Deleuze em uma obra posterior: *Diferença e repetição* (1968). Ali ele faz a crítica da noção platônica de aprendizado, que é uma recognição, a repetição de um caminho já trilhado. Foi essa noção que permitiu que se construísse a ideia de que é possível a definição de um método para aprender, com todas as suas derivações e suas nuanças na história do Ocidente até nossos dias. Deleuze afirma ainda que, assim como não há métodos para encontrar tesouros, também não há métodos para aprender. O método é um instrumento de controle, de regulação do que se sabe e de como se sabe, de definir aquilo que é possível que cada um saiba. Nos horizontes de um dado método de ensino, define-se aquilo que pode ser aprendido, o quanto pode ser aprendido, como e quando deve ser aprendido. O método impõe um senso comum ao saber, que pode ser, assim, normatizado. Porém, ressalta Deleuze, o aprendizado *escapa* à metodologização. O aprender vaza, é uma linha de fuga, não raro colocando-se para fora dos horizontes definidos por uma metodologia. Aí está a possibilidade viva do pensamento, de seu exercício, de sua experiência.[1]

    O aprender é um mistério, fruto de encontros ao acaso. O aprendizado é da ordem do acontecimento, daquilo que não pode ser controlado, medido, circunscrito. Podemos construir todos os esforços para ensinar e controlar o que e como alguém aprende, com o auxílio de métodos, políticas públicas, coerções, provas e exames. Mas o aprender escapa, o aprendiz devaneia e encontra caminhos outros, diferentes. O aprendiz pensa, produz, *aprende*, para além e apesar de todos os métodos. Mas não esqueçamos: por mais que seja um devaneio e uma fuga, há uma disciplina, um adestramento do aprendizado, sem o qual ele não é sequer possível. Mas essa disciplina do pensamento é construída pelo próprio aprendiz, no ato mesmo do pensar.

    Esse aprendizado como acontecimento, diz Deleuze, acontece mobilizado por *problemas*, que são dados pelos signos. O problema é a objetividade – um obstáculo a ser transposto – que mobiliza os jogos simbólicos subjetivos que denominamos aprender.

---

1. Retomamos aqui aquilo que já foi tratado, de forma mais extensa, no capítulo sobre a "aprendizibilidade" da filosofia, complementando aspectos que não foram desenvolvidos ali.

O exemplo dado por Deleuze é o do aprender a nadar, que é o enfrentamento do problema da relação de nosso corpo com a água. Alguém só aprende a nadar quando entra, ele próprio, aprendiz, em contato com os signos da água, e na heterogeneidade dessa relação consegue produzir o resultado desejado, que é o ato de nadar. Não se trata de fazer *como* o professor, mas de fazer *com* ele. Lançar-se na água, com ele, mas se relacionando com a água, descobrindo seus signos e construindo sua própria relação. Em outras palavras, não se aprende por imitação, mas inventando sua própria maneira de relacionar-se com os signos. As implicações disso para o ensino e o aprendizado da filosofia são inúmeras e procuraremos desenvolver algumas delas adiante. Por ora, fiquemos neste paralelo: assim como aprender a nadar não é fazer como, o mesmo pode ser dito do aprender a pensar. Não aprendemos a pensar imitando o outro – um professor de filosofia, por exemplo –, mas inventando nossa própria maneira de nos relacionarmos com os signos do pensamento.

Uma observação importante: tanto Rancière quanto Deleuze fazem a crítica de uma relação pedagógica de dependência, na qual o aprendiz *depende* do mestre. Mas nem um nem outro prescindem do mestre. Rancière critica o mestre explicador e propõe um mestre ignorante; Deleuze critica o "fazer como", mas defende um "fazer com". Em um ou em outro caso há um mestre, há um professor, que acompanha o processo de encontros com signos que mobilizam o aprender.[2]

* * *

Neste capítulo serão exploradas algumas possibilidades para o ensino de filosofia, a partir da caracterização da filosofia como atividade de criação de conceitos, que foi discutida até aqui em suas perspectivas teóricas. Uma ressalva, porém. Depois de todas as críticas que foram apresentadas, de forma direta ou indireta, à compreensão moderna da educação, centrada na ideia de método e na utopia de que se pode,

---

2. As questões específicas relativas ao exercício do professor de filosofia serão discutidas no Capítulo 5.

mediante o controle do que se ensina, controlar o que alguém aprende, que o leitor não espere a apresentação de propostas metodológicas fechadas.

As ideias aqui apresentadas são experimentais, pressupõem uma abertura do processo do ensinar que convida o estudante a aprender, praticando, experimentando o pensamento de natureza filosófica. Sua abertura pressupõe também a intervenção do professor de filosofia, que se apropria dessa metodologia e a transforma a sua maneira, fazendo-a sua, fazendo-a diferente, fazendo-a funcionar em seu contexto, em sua sala de aula. As ideias metodológicas aqui apresentadas não são, pois, a definição de um roteiro fechado de trabalho. São mais uma espécie de bússola, que o professor utilizará para orientar-se em seu contexto específico e para traçar seu próprio percurso, escolhendo seus caminhos, suas rotas, seus companheiros de viagem.

O propósito da apresentação dessas pistas metodológicas é o de contribuir para o debate sobre o ensino de filosofia. Se desejamos que os jovens estudantes brasileiros possam *aprender* filosofia de modo significativo para sua formação e para sua vida, isso precisa ser mobilizado por um ensino. A intenção não é a de reproduzir o ensino em seu viés explicativo, fundamento de uma sociedade pedagogizada, cuja crítica, de Rancière, já foi apresentada aqui; tampouco é a de reproduzir um ensino geral e massificante, calcado em um método capaz de "ensinar tudo a todos". Mobilizado pelo sentimento de ignorância colocado por Rancière, que pode suscitar um novo começo em filosofia, um novo começo no pensamento, e pela ideia do "fazer com" evidenciada por Deleuze, quero tratar de um ensino de filosofia que esteja *aberto ao aprender*.

Dessa maneira, falar em método não é uma imposição de protocolos. Talvez seja mais apropriado falar em pistas, coordenadas que possibilitam o início de um caminhar, mas que precisam ser revistas a todo momento, na medida mesmo em que caminhamos. Coordenadas e pistas que abrem a possibilidade de um processo, mas que não indicam o ponto de chegada nem o percurso correto para lá chegar. Coordenadas que significam um convite para um encontro com os signos que não podem ser planejados nem definidos de antemão. Inspiro-me na equipe de pesquisadores cartógrafos que propuseram "pistas para o método da cartografia":

Em vez de regras para serem aplicadas, propusemos a ideia de pistas. Apresentamos pistas para nos guiar no trabalho da pesquisa, sabendo que para acompanhar processos não podemos ter predeterminada de antemão a totalidade dos procedimentos metodológicos. As pistas que guiam o cartógrafo são como referências que concorrem para a manutenção de uma atitude de abertura ao que vai se produzindo e de calibragem do caminhar no próprio percurso da pesquisa – o *hodós-metá* da pesquisa. (Passos, Kastrup e Escóssia 2009, p. 13)

Se considerarmos que o pensamento e, consequentemente, a filosofia não são "atitudes naturais" no ser humano, mas atitudes às quais somos levados pela violência de problemas com os quais nos deparamos ao longo da vida, é preciso então que compreendamos o processo do filosofar, para que sejamos capazes de fazê-lo.

* * *

Serão apresentadas a seguir duas ideias de como materializar um ensino de filosofia pensado como experiência com conceitos. A primeira delas intenciona partir do problema filosófico para experimentar o processo do pensamento conceitual. A segunda propõe o caminho inverso: a partir do conhecimento do conceito, explorar e descobrir a problemática que o suscitou.

Ao final de cada tópico serão apresentadas exemplificações didáticas da referida "metodologia". Mas, atenção, insisto: são apenas exemplificações, a serem adaptadas, ressignificadas e devidamente construídas por cada professor, não se constituindo em roteiros fechados de aula.

A aula de filosofia como "oficina de conceitos"

Podemos agora passar a explorar o significado da aula de filosofia, tomada como criação de conceitos, no ensino médio. A meu ver, da mesma forma que um jovem necessita, para que sua formação seja completa, e não apenas um "treinamento" para uma profissão ou mesmo para o mundo, ter acesso ao universo de produção de saberes das mais diferentes disciplinas científicas, como forma de conhecer e compreender o mundo, ele precisa ter acesso ao universo da produção artística e da produção filosófica. E não apenas para compor um repertório cultural amplo, como afirmam alguns; esse repertório é importante, mas não suficiente. Se o mundo é composto pela diversidade, é preciso que as diferentes perspectivas sejam conhecidas (ou, ao menos, que se tome contato com elas).

Para o pensamento, penso – na esteira de Deleuze e Guattari – que a tríade ciência/arte/filosofia compõe um mosaico referencial importante; qualquer formação que prescinda de uma ou mais delas estará necessariamente incompleta. Ora, os currículos escolares brasileiros estão povoados pelas disciplinas científicas, com sua abordagem prospectiva, e há também experiências com a chamada "educação artística", garantindo uma abordagem afetiva. Com o acesso à filosofia, permite-se também uma perspectiva conceitual do mundo. E, com essas três possibilidades de pensamento, o jovem estudante pode ter uma formação completa e complexa, que lhe permita pensar o mundo e construir sua vida.

Nessa perspectiva, a aula de filosofia ganha sentidos muito interessantes ao ser tomada como uma "oficina de conceitos". Se a metodologia de trabalho se dará utilizando as ferramentas do diálogo, do debate, da reflexão etc. é uma discussão posterior; o fundamental é que a aula garanta o contato dos jovens com o instrumental conceitual. Chegamos aqui à questão crucial: esse contato com o instrumental dos conceitos significa que cada aluno precisará, de fato, construir, criar conceitos? Ou, em outras palavras: cada aluno deverá ser um filósofo, na aula de filosofia? Em certa medida, penso que sim.

Explico. Parece-me óbvio, dadas todas as limitações encontradas nesse nível de ensino e dado que a filosofia é mais uma área de saber articulada com as demais em torno de uma formação geral, que não pode ser afirmado como objetivo do ensino de filosofia na educação média fazer com que os alunos sejam ou venham a ser filósofos, no sentido estrito do termo. Assim como não pode ser levado a sério o objetivo de que venham a ser matemáticos, biólogos ou qualquer outra coisa. Mas ali, naqueles momentos da aula de filosofia, cada um precisa ser um pouco filósofo. Se a filosofia consiste numa atividade, e mais, numa atividade criadora, ela não pode contar com a passividade dos estudantes e meramente descortinar diante deles um universo de saberes ou mesmo de conceitos, a serem simplesmente assimilados. Nas aulas de filosofia, cada aluno e todos os alunos precisam fazer a experiência de lidar com a filosofia. É por isso que essa aula deve ser como um *laboratório*, lugar de experimentação, ou como disse antes, uma *oficina*, lugar de atividades práticas.

Na aula de filosofia, é mais do que necessário romper com a visão tradicional de aula – já tão criticada, mas dificilmente abandonada –, de um espaço de transmissão de conhecimentos. Ela precisa ser um espaço no qual os alunos não sejam meros espectadores, mas sim ativos, produtores, criadores. Ela precisa, ainda, ser um espaço em que se tome contato com o "sentimento de ignorância", do qual fala Rancière e que já citamos aqui, como abertura de possibilidade para se fazer seu próprio percurso. Mas, como vimos, não se produz conceito do nada: muitas vezes, é a própria filosofia a matéria da produção de novos conceitos. Assim, é necessário que os estudantes tenham contato, de forma ativa e criativa, com a diversidade das filosofias ao longo da história, pois ela será a matéria-prima para qualquer produção possível. Como é necessário que haja um elemento aglutinador dessa diversidade ou, para melhorar a metáfora, uma bússola a permitir ao grupo se embrenhar pela diversidade da mata, de forma que o percurso *in loco* permita depois que seja traçado um mapa da diversidade filosófica, penso que essa bússola possa ser dada por *problemas*.

Os professores de filosofia uruguaios, perseguindo na didática da filosofia o objetivo de trabalhá-la como atividade, já estruturaram o currículo de seu ensino secundário em torno de problemas filosóficos, deixando para trás a discussão em torno de articular o currículo de filosofia por temas ou pela história. Penso que nessa experiência está a chave para se trabalhar a filosofia como criação conceitual. O professor deverá selecionar alguns problemas filosóficos, de preferência que tenham uma significação existencial para os alunos, pois filosofamos quando sentimos os problemas na pele. Em torno desses problemas, será possível trabalhar com temas filosóficos, com a história da filosofia, com diferentes filósofos e seus textos e conceitos, mas tudo isso deverá ser tomado como instrumental que permita a compreensão daqueles problemas e, mais que isso, matéria básica para a criação de conceitos que possam equacioná-los.

Na "oficina filosófica" que se torna a aula nessa dimensão, cada aluno procurará então, manejando essas diferentes ferramentas, recriar conceitos ou mesmo criar novos conceitos que possam iluminar o problema colocado. Produzir o acontecimento, por meio dessa experiência, dessa aventura do pensamento, criando conceitos que sejam importantes, interessantes e instigantes, pelo menos para aqueles que ali estão: nisso consistirá a aula de filosofia, se tomarmos a perspectiva de filosofia proposta por Deleuze e Guattari como elemento norteador de nossa prática de ensino.

Ensino de filosofia, uma pedagogia do conceito: Os quatro passos didáticos

Chegamos, então, ao momento de perguntar: é possível aprender a paciência do conceito na escola? Podemos fazer das aulas de filosofia exercícios de resistência à opinião e aos tempos hipermodernos, como caracterizamos no Prólogo deste livro, pelo exercício dessa paciência do extemporâneo?

A princípio, valho-me do argumento de um outro filósofo contemporâneo, de uma família conceitual muito distinta daqueles que venho usando até aqui. André Comte-Sponville, em seu *Dicionário filosófico*, no qual exercita o pensamento com definições, afirma que o importante é a noção de que a filosofia é uma atividade e, já que ninguém nasce pronto para ela, é preciso que seja aprendida; isso posto, por que não na escola? Haveria lugar melhor? No verbete "filósofo" de seu *Dicionário*, escreveu:

O que é um filósofo? É alguém que pratica a filosofia, em outras palavras, que se serve da razão para tentar pensar o mundo e sua própria vida, a fim de se aproximar da sabedoria ou da felicidade. E isso se aprende na escola? Tem de ser aprendido, já que ninguém nasce filósofo e já que a filosofia é, antes de mais nada, um trabalho. Tanto melhor, se ele começar na escola. O importante é começar, e não parar mais. Nunca é cedo demais nem tarde demais para filosofar, dizia Epicuro, pois nunca é cedo demais nem tarde demais para ser feliz. Digamos que só é tarde demais quando já não é possível *pensar* de modo algum. Pode acontecer. Mais um motivo para filosofar sem mais tardar. (2003, p. 252)

É tarde demais quando já não é possível pensar... Esse é o movimento que os tempos hipermodernos nos apresentam: lançar-nos tanto à opinião, afastar-nos tanto do conceito, como forma de fugir do caos, que de repente o pensamento já não é mais possível. É mais do que tempo, pois, de fazermos das escolas um espaço de resistência a isso. E se a escola não puder ser propriamente o lugar do exercício do conceito, que seja ao menos o exercício de uma *propedêutica* ao conceito.

Voltando a Deleuze e Guattari, eles afirmaram que é preciso investir numa "pedagogia do conceito", à qual os filósofos se dedicaram pouco, ao longo da história. Ora, se os conceitos não estão dados, mas são criados, é possível se desvendarem as regras, os processos, os caminhos de criação dos conceitos; é possível – e é necessária – uma *pedagogia do conceito*, isto é, um aprendizado em torno do ato criativo de um conceito.

Fazendo um exercício estritamente escolar e pensando em aulas de filosofia na educação média, penso que, a partir das considerações feitas até aqui, é possível desenvolver alguns ensaios didáticos em torno de uma pedagogia do conceito que nos possibilite ao menos uma propedêutica ao exercício da paciência do conceito com os jovens.

No que concerne ao trato com aulas de filosofia na educação média, penso que a pedagogia do conceito poderia estar articulada em torno de quatro momentos didáticos: uma etapa de *sensibilização*; uma etapa de *problematização*; uma etapa de *investigação*; e, finalmente, uma etapa de *conceituação* (isto é, de criação ou recriação do conceito).

Sensibilização: Trata-se, nessa primeira etapa, de chamar a atenção para o tema de trabalho, criar uma empatia com ele, isto é, fazer com que o tema "afete" os estudantes. Sabemos que os conceitos só são criados para enfrentar problemas, e que só enfrentamos os problemas que efetivamente vivemos. Ora, de nada adiantaria que o professor *indicasse* um problema aos alunos. Para que eles possam fazer o movimento do conceito, é preciso que o problema seja vivido como um problema para eles.

Daí a necessidade da sensibilização. Trata-se, em outras palavras, de fazer com que os estudantes vivam, "sintam na pele", um problema filosófico, a partir de um elemento não filosófico. Trata-se de fazer com que os estudantes incorporem o problema, para que possam vir a criar um conceito incorporal.

Penso que essa primeira etapa pode ser bem-sucedida com o recurso a peças artísticas: uma música, um poema, um quadro, um conto, um filme; ou mesmo um desenho animado, uma história em quadrinhos... Em suma, algo que chame a atenção dos estudantes, sobretudo por falar sua própria linguagem, e que desperte seu interesse por um determinado problema.

Nessa etapa também é possível desenvolver exercícios de alargamento dos horizontes culturais. Por exemplo, se podemos usar um *rap* ou um pagode que faça parte do universo cultural dos alunos para chamar a atenção deles, podemos também depois introduzir outras músicas, de outros referenciais, que toquem no mesmo assunto, alargando suas experiências estéticas.

Problematização: Trata-se de transformar o *tema* em *problema*, isto é, fazer com que ele suscite em cada um o desejo de buscar soluções. Na etapa anterior, o objetivo era apenas afetar, chamar a atenção, motivar (se quisermos usar uma expressão pedagógica um tanto ou quanto em desuso). Nesse segundo momento, tendo a atenção mobilizada pela questão, o objetivo é problematizar vários de seus aspectos, de diferentes perspectivas.

Podemos promover discussões em torno do tema em pauta, propondo situações em que ele possa ser visto por diferentes ângulos e problematizado em seus diversos aspectos. Nessa etapa, estimulamos o sentido crítico e problematizador da filosofia, exercitamos seu caráter de pergunta, de questionamento, de interrogação. Desenvolvemos também a desconfiança em relação às afirmações muito taxativas, em relação às certezas prontas e às opiniões cristalizadas.

Quanto mais completa a problematização, mais intensa será a busca por conceitos que possam nos ajudar a dar conta do problema.

Investigação: Trata-se de buscar elementos que permitam a solução do problema. Uma investigação filosófica busca os conceitos na história da filosofia que possam servir como ferramentas para pensar o problema em questão. Terá Platão se deparado com esse problema? Em caso afirmativo, como ele o pensou? Produziu algum conceito que tenha dado conta dele? O conceito platônico ainda é válido em nosso tempo? Ele dá conta do problema, tal como o vivemos hoje? E na modernidade, Descartes ou Espinosa lidaram com o mesmo problema? Criaram seus conceitos? São esses conceitos mais adequados ou menos adequados que aquele criado por Platão?

Nessa etapa da investigação, revisitamos a história da filosofia. Ela não é tomada como o centro do currículo, mas como um recurso necessário para pensar o nosso próprio tempo, nossos próprios problemas. Mas, mesmo como referencial, a história da filosofia não é tomada de forma panorâmica, mas de forma interessada. Isto é, revisitamos a história interessados por nosso problema, o que faz com que tenhamos uma visão particular da história da filosofia. Serão as várias revisitas a ela, balizadas por diferentes problemas, que possibilitarão uma visão mais geral e abrangente dela.

Conceituação: Trata-se de *recriar* os conceitos encontrados de modo que equacionem nosso problema, ou mesmo de *criar* novos conceitos.

Aprendemos com Nietzsche e com Deleuze e Guattari que há parentescos entre os conceitos, e que o mero deslocamento de um conceito do contexto em que ele foi criado para um outro contexto – o nosso próprio – é uma recriação do conceito, pois ele já não é mais o mesmo.

Na etapa da investigação, vamos em busca da "ecologia dos conceitos", de procurar aqueles que se relacionam com o problema que estamos investigando, identificando seus parentescos, como eles vão se transformando pela história da filosofia para se adequar também às transformações históricas dos problemas. Aqui, nessa etapa final, trata-se de fazer o movimento filosófico propriamente dito, isto é, a criação do conceito. Se, por um lado, na investigação pela história da filosofia encontramos conceitos que são significativos para nosso problema, tratamos então de deslocá-los para nosso contexto, recriando-os para que apresentem possíveis soluções; se, por outro lado, não encontramos conceitos que deem conta de nosso problema, certamente encontramos vários elementos que nos permitam criar um conceito próprio.

Que fique claro então que a criação (ou recriação) do conceito não é uma tarefa impossível: não se cria no vazio, com base em nada; são os próprios conceitos da história da filosofia ou seus elementos constitutivos que nos darão a matéria-prima para nossa atividade de criação ou recriação a partir de nosso próprio problema.

Dois exemplos didáticos

Apresentarei dois exemplos de organização de aulas de filosofia segundo os quatro passos didáticos expostos acima. Não são mais do que exemplos; não sejam tomados como um guia para o professor, muito menos como sugestão de trabalho. A intenção é apenas a de ilustrar uma possibilidade metodológica de trabalho em sala de aula, com o uso de alguns recursos. Tomarei como referência para esses "ensaios de aula de filosofia" a ética como tema geral, uma vez que este é um dos temas centrais da filosofia e que um dos problemas mais antigos quando pensamos em ensinar filosofia é o da possibilidade do ensino da virtude. Platão inicia o diálogo *Mênon* fazendo o personagem de mesmo nome dirigir a Sócrates as seguintes interrogações:

> Podes dizer-me, Sócrates: a virtude é coisa que se ensina? Ou não é coisa que se ensina mas que se adquire pelo exercício? Ou nem coisa que se adquire pelo exercício, nem coisa que se aprende, mas algo que advém aos homens por natureza ou por alguma outra maneira? (Platão 2001, p. 19)

O desenrolar do diálogo, bem como suas conclusões, são bastante conhecidos dos professores de filosofia e não vou me deter neles; o que nos interessa aqui é apenas a imbricação da interrogação ética com o ensinar e o aprender em filosofia. Passemos então ao primeiro "ensaio".

Ensaio de aula n. 1: É possível decidir *a priori*?

O objetivo deste conjunto de aulas, que o professor poderá organizar de acordo com a carga horária de que dispõe e a realidade de sua escola, é o de introduzir a temática ética, a partir de um problema de enunciação simples, mas muito complexo: a possibilidade de decidir (isto é, ser capaz de *valorar*) antes de realizarmos uma ação.

Para a etapa de *sensibilização*, proponho ao professor iniciar com o filme *Minority report: A nova lei*.[3] Várias estratégias são possíveis, a depender da realidade e das condições da escola. Pode-se solicitar que os alunos vejam o filme antes, em casa. Pode-se organizar uma sessão para assistir ao filme coletivamente, na escola, fora do horário de aula. Pode-se projetar o filme durante a própria aula, fracionando-o segundo os tempos de aula disponíveis. Uma alternativa a ver todo o filme, que é longo, seria passar apenas as duas primeiras cenas, com duração aproximada de 15 minutos – portanto, algo viável no contexto de uma aula. Essas duas cenas iniciais dão o contexto da história e colocam a problemática

---

3. *Minority report: A nova lei*, dirigido por Steven Spielberg. DreamWorks Pictures, 2002, 148 min. Disponibilizado em DVD no Brasil pela 20th Century Fox Home Entertainment.

que despertará o interesse dos estudantes. Encontramos na *Wikipedia* a seguinte descrição do filme:

> O filme se passa em Washington no ano de 2054. A divisão pré-crime conseguiu acabar com os assassinatos, nesse setor da polícia o futuro é visualizado antecipadamente por paranormais, os *precogs*, e o culpado é punido antes que o crime seja cometido. Os três *precogs* só trabalham juntos e flutuam conectados em um tanque de fluido nutriente. Quando eles têm uma visão, o nome da vítima aparece escrito em uma pequena esfera e em outra esfera está o nome do culpado. Também surgem imagens do crime e a hora exata em que acontecerá. Estas informações são fornecidas para uma elite de policiais, que tentam descobrir onde será o assassinato, mas há um dilema: se alguém é preso antes de cometer o crime pode esta pessoa ser acusada de assassinato, pois o que motivou sua prisão nunca aconteceu?
> Fonte: http://pt.wikipedia.org/wiki/Minority_Report_(filme)

Ainda como sensibilização, o professor pode sugerir aos alunos a leitura do conto do escritor norte-americano Philip K. Dick que serviu de base para a construção do roteiro do filme.[4] Em outras disciplinas, pode-se fazer, por exemplo, uma comparação de linguagens (literária e cinematográfica), dando lugar a um trabalho interdisciplinar.

Nas duas cenas sugeridas, é feita uma apresentação da "Divisão Pré-Crime" e é dado a conhecer o contexto de um crime que está para ser cometido, mas é impedido pela ação dos policiais. Coloca-se então o dilema ético e jurídico acima exposto: será possível acusar alguém por algo que iria fazer, mas foi impedido pela ação da polícia?

E, para além da questão posta pelo filme, o professor pode elaborar com a turma a seguinte problemática: nossos atos são sempre predeterminados pelas circunstâncias? Como decidimos como agir? Podemos mudar nossas decisões e nossas ações? Em suma, como pautamos nosso comportamento?

---

4. Trata-se do conto "O relatório da minoria", escrito em 1956. No Brasil, o livro foi publicado com o título *Minority report: A nova lei*. Rio de Janeiro: Record, 2002.

Toda essa problematização pode ser feita com base no filme ou em suas duas primeiras cenas. A força das imagens captura a atenção dos estudantes, deixa-os "ligados" na ação e suscetíveis de pensar nas questões então levantadas. Sensibilizados pelo filme, abertos à problematização filosófica lançada pelo professor, este pode então orientar a etapa seguinte: uma investigação, na história da filosofia, em busca de elementos que lhes permitam pensar sobre a problemática.

Para esse tema, sugiro que o professor trabalhe três modelos de ética encontrados em diferentes momentos da história: uma ética orientada para a *felicidade* (com base em textos de filósofos antigos); uma ética orientada para o *dever* (na modernidade); e uma ética orientada para a *liberdade* (na contemporaneidade). Outros recortes e outros percursos seriam, claro, possíveis, a depender do professor e de suas escolhas teóricas.

Como afirmei antes, a investigação é justamente o momento em que os textos filosóficos podem ser inseridos. Sensibilizados pela problemática, os estudantes terão mais abertura para ler o que escreveram os filósofos, em busca de respostas para os problemas enfrentados. No contexto de nosso exemplo, sugiro aproveitar para introduzir a leitura de alguns trechos da *Ética a Nicômaco*, de Aristóteles, especialmente o livro X, no qual o filósofo define a ética como um princípio orientado para a felicidade. É desejável que o professor faça uma contextualização de Aristóteles, seu pensamento, seu livro sobre ética, demarcando, ainda que de modo bastante introdutório, os passos dados para se chegar às ponderações feitas no livro X da *Ética a Nicômaco*.

Caso não seja possível a leitura completa do livro X, destaco as passagens dos capítulos 6 a 9 (na edição que estou usando, são nove páginas). É possível também recortar delas os trechos mais significativos, nos quais Aristóteles define a felicidade como "atividade conforme a virtude", como "o único fim em si mesmo" – e, portanto, aquele que deve ser visado pela ação humana, como contemplação, realizando aquilo que há de divino no homem, além de apresentar as relações da vida virtuosa e feliz com as leis.

Um texto bem mais curto e mais simples, que pode ser usado como complemento ao texto de Aristóteles, ou mesmo como alternativa a ele, é

Carta sobre a felicidade (a Meneceu), de Epicuro. Nesse pequeno texto, vemos também a apresentação da felicidade como o verdadeiro prazer e como supremo bem, para o qual devem ser orientadas nossas ações.

Tanto no caso de Aristóteles quanto no de Epicuro (lembrando que esses dois textos são sugestões; outros filósofos e outros textos podem ser usados com os mesmos objetivos), uma perspectiva ética se desenha: orientar nossa vida para a felicidade; tomarmos nossas decisões pautados por um projeto de construção de uma vida feliz.

Um segundo aporte histórico pode ser feito em torno de uma ética orientada para o dever. Nesse caso, certamente Kant é o referencial central. Se em Aristóteles temos uma ética individualizada, orientada para a felicidade, em Kant a ética busca a universalidade, que ele ancorará no seu famoso imperativo categórico: "age somente de acordo com aquela máxima pela qual possas ao mesmo tempo querer que ela se torne uma lei universal". Esse imperativo categórico é apresentado pela primeira vez na obra *Fundamentação da metafísica dos costumes* (1785) e retomado na *Crítica da razão prática* (1788) e na *Metafísica dos costumes* (1797-98). Como a ética em Kant tem como pressuposto a autonomia da razão, devendo o sujeito ser educado, esclarecido, para poder agir eticamente, é interessante também uma passagem por seu texto originariamente publicado no periódico *Berlinische Monatsschrift*, o conhecido *Resposta à pergunta: "Que é esclarecimento?"*, publicado em 1784.

Sugiro ao professor que opte por trabalhar, com o texto de Kant, a indicação para leitura dos alunos do "recorte" da *Fundamentação da metafísica dos costumes* apresentado por Danilo Marcondes em seu livro *Textos básicos de filosofia: Dos pré-socráticos a Wittgenstein*. Ali se encontra em três páginas e meia a parte do texto que argumenta sobre o imperativo categórico. Pouca coisa mais longo, mas também com linguagem mais acessível, é o texto sobre o Esclarecimento, também apresentado por Danilo Marcondes, este no livro *Textos básicos de ética: De Platão a Foucault*.

Por fim, a "terceira estação" do percurso aqui proposto, a perspectiva contemporânea de uma ética orientada para a liberdade, que talvez tenha como seu principal defensor Sartre. Embora não tenha escrito um texto específico sobre ética ou filosofia moral, a obra do filósofo francês é atravessada por essa preocupação. Seja seu tratado filosófico, *O ser e o nada*, sejam seus romances e peças de teatro, todos marcam a preocupação com uma vida atravessada pela liberdade.

Nessa investigação pela história da filosofia centrada na problemática das escolhas humanas, a perspectiva sartreana da liberdade como condição ontológica da escolha é um aporte importante. Embora a fundamentação mais estritamente filosófica da questão do valor esteja desenvolvida em *O ser e o nada*, sugiro ao professor trabalhar com um texto mais simples, aquele da famosa conferência intitulada *O existencialismo é um humanismo*. Nesse texto, não muito longo, uma passagem é emblemática para nosso tema: aquela em que Sartre comenta a moral laica, afirma que o ser humano *é* liberdade, comenta o desamparo das escolhas, que não possuem fundamento, e dá um exemplo de um jovem que pede um conselho. Nessa passagem fica evidenciada a questão, desenvolvida em *O ser e o nada*, da afirmação de que não há qualquer fundamento para a escolha e de que não é possível, nunca, definir *a priori* o valor de um ato.

Com esse percurso, além de conhecer aspectos da história da filosofia e ter acesso a textos dos próprios filósofos, professor e alunos terão três aportes conceituais distintos, para enfrentar a problemática da qual se partiu, por meio da sensibilização com o filme de Spielberg. Inúmeras estratégias podem ser utilizadas para o trabalho com os textos. Eles podem ser lidos conjuntamente, em sala de aula, inclusive com leitura em voz alta, o professor esclarecendo as palavras e os conceitos, os pontos mais difíceis. Podem ser lidos individualmente, fora de aula, e o professor retomar a leitura em sala de aula. Pode-se dividir a turma em grupos e cada grupo ler um dos textos, apresentando depois para o restante da classe seus pontos principais. Enfim, não importa a estratégia de leitura que o professor adote; o importante é que ela se adapte àquela turma específica e funcione bem. E que se cumpra o duplo objetivo de conhecer o texto do filósofo (exercitando a capacidade de leitura de textos filosóficos) e de encontrar subsídios teórico-conceituais para pensar a problemática proposta.

Chegamos, então, à etapa final do processo, a da *conceituação*. O que se espera, aqui, é que os estudantes enfrentem o problema posto no início, isto é: Como decidimos como agir? Podemos mudar nossas decisões e nossas ações? Ou, ainda, como pautamos nosso comportamento? É importante que se inicie retomando o filme, a problematização realizada naquele momento, a fim de avaliar se algum desses filósofos oferece o suporte conceitual necessário para pensar o problema lançado. Penso ser uma estratégia bastante interessante promover debates a esse respeito com os alunos. Caso o estudo dos textos tenha sido feito por grupos, pode ser produtivo resgatar os grupos para avaliar a pertinência do instrumental conceitual de cada filósofo estudado para a questão, organizando a defesa de cada perspectiva teórica e talvez também sua refutação. Repito, porque nunca é demais: cada professor deve encontrar o tom adequado, as estratégias válidas para cada realidade, para cada turma.

O essencial, nessa finalização do processo, é que os estudantes efetivamente manejem os conceitos como ferramentas, aplicando-os à problemática em questão. Nessa etapa, se o estudante for capaz de *aplicar* o conceito de um determinado filósofo ao pensar o problema em questão, isso significa que ele está conceituando. Ele não precisa *criar* um novo conceito. Basta apropriar-se de *conceitos* já criados. Mas isso não significa que não possa acontecer de um ou vários alunos serem capazes de conceituar por si mesmos, construindo novos conceitos para enfrentar o problema de outras maneiras. Uma vez mais: um conceito elaborado, criado por um aluno, não precisa possuir a "grandeza" que o fará durar séculos. Basta que seja apropriado para pensar o problema em questão.

Ensaio de aula n. 2: A corrupção na vida cotidiana e na política

Nesse segundo "ensaio de aula", continuaremos no terreno da ética. Mas, agora, com uma discussão mais prática e mais cotidiana: a questão da corrupção e dos valores, seja no exercício da política, seja no âmbito da vida cotidiana. A intenção é a de problematizar nossas próprias ações.

Para a etapa de sensibilização, proponho iniciar com uma canção de Tom Zé, de apenas dois minutos de duração: "O gene",[5] cuja letra é a seguinte:

---

5. "Defeito 1: O gene", de Tom Zé e Pedro Braz, do CD *Com defeito de fabricação*, Luaka Bop/Trama, 1998.

A gente já mente no gene / a mente do gene da gente
Faça suas orações / uma vez por dia
Depois mande a consciência / junto com os lençóis
Pra lavanderia

Fica evidente que a letra, por si só, é bem provocadora; mas sugiro que o professor se esforce por possibilitar aos estudantes ouvir a música, certamente bastante diferente do gosto médio. A experiência de ouvir Tom Zé pode levar a diversas outras problematizações. Mas a questão aqui é posta mesmo pela letra: será a mentira inerente ao ser humano? Mentimos sempre? Em que condições? Está correto mentir? Que posição a música defende?

Após a música, proponho passar a um recurso audiovisual, o documentário *Ética: Alguém viu por aí?*, produzido pela TV Cultura, de São Paulo. O programa foi produzido em 1991, após o *impeachment* do presidente Fernando Collor de Melo e todo o impacto que causou no país, com a discussão sobre a ética na política. O documentário procura então mostrar que nas mais diversas situações cotidianas, como anunciar um carro para vender, encontramos tentativas de distorção, como forma de obter alguma vantagem. No *site* da TV Cultura encontramos a seguinte descrição do programa:

> Documentário trata desde as "pequenas malandragens", como furtos em supermercados, atuação de cambistas, guardadores de carros e o desrespeito à sinalização de trânsito, até problemas mais agudos da nossa sociedade, como a ética médica, a corrupção e a morosidade do poder judiciário. O programa mostra também aspectos curiosos como o código de ética dos presidiários nas casas de detenção, onde os estupradores, justiceiros e ex-policiais são discriminados e isolados. Tudo isso é costurado por depoimentos da população e profissionais como o filósofo José Arthur Giannotti; a antropóloga Manoela Carneiro da Cunha; o jornalista e escritor Pedro Cavalcanti, autor de um livro sobre corrupção; o presidente do conselho regional de medicina, Roberto Godoy; e o ex-ministro da Fazenda Bresser Pereira. O documentário tem ainda a participação do judoca Aurélio Miguel, obrigado a abandonar os

campeonatos internacionais por denunciar os cartolas do judô, e o diretor teatral Antunes Filho, que fala sobre "Macunaíma". (http://www.tvcultura.com.br/especialcultura/?sid=480)

Entre as muitas discussões propostas pelo vídeo, sugiro ao professor centrar nas ações cotidianas, problematizando então se há uma "natureza humana", se faz parte dos seres humanos agir sempre em proveito próprio, ou se esse é um traço cultural ou mesmo social. Problematizar a própria noção de ética apresentada pelo vídeo pode ser um bom caminho.

A investigação, nesse caso, pode uma vez mais recorrer a diferentes textos da história da filosofia. Da Antiguidade, o professor pode, por exemplo, tomar o diálogo *Mênon*, de Platão, para discutir o que é a virtude; do mesmo Platão, pode recorrer ao diálogo *Górgias*, para discutir se é melhor sofrer uma injustiça do que praticá-la. De Santo Agostinho, pode tomar passagens das *Confissões* para discutir a ideia de livre-arbítrio articulada com o problema do Mal. Na modernidade, pode recorrer à definição de virtude presente na *Ética* de Espinosa. No período contemporâneo, a discussão proposta por Kierkegaard sobre ética e fé em *Temor e tremor*, bem como passagens de Nietzsche na *Genealogia da moral* podem ser muito interessantes e promissoras. Buscando uma contribuição não propriamente filosófica, mas com grande potencial, o professor pode usar trechos de *O mal-estar na civilização*, de Freud, especialmente quando discute a consciência moral. Por fim, textos de Foucault articulando moral e prática de si (como passagens do livro *A história da sexualidade – vol. II: O uso dos prazeres*) podem ser bastante interessantes e provocadores.[6]

Não repetirei aqui a explicação mais extensa que desenvolvi no "ensaio de aula" anterior; valem os mesmos comentários de como o professor pode trabalhar com os textos que escolher, visando chegar à etapa de conceituação, estimulando os alunos a pensarem o problema, usando os conceitos como ferramentas para enfrentá-los.

---

6. De todos esses textos, Danilo Marcondes oferece recortes interessantes para uso didático, no já citado *Textos básicos de ética*.

Um "método regressivo" para o ensino de filosofia

Continuando a tomar a filosofia como atividade de criação conceitual, na busca de possibilidades para um ensino ativo de filosofia na educação média, que convide cada estudante a experimentar ele próprio o movimento do pensamento filosófico, neste tópico exploraremos um processo inverso ao desenvolvido no anterior. Se ali se tratava de partir da experiência sensível do problema para se chegar ao trabalho racional do conceito, aqui buscaremos começar com o conceito e fazer o sentido inverso de sua criação, para compreender o problema (ou problemas) que motivou(aram) sua produção.

O conceito, criação racional, pode ser apreendido, aprendido, compreendido. Já o problema que mobiliza o pensamento, por ser sensível, pré-racional, não pode ser compreendido. A proposta contida neste capítulo é a de um "método regressivo": a partir de um conceito ou conjunto de conceitos criados por um filósofo, regredir ao problema ou problemas que o levou(aram) a criá-lo. E, mediante a realização desse movimento regressivo com os estudantes, dar a eles o "direito a seus próprios problemas", habilitando-os a fazerem eles mesmos o movimento de pensamento e criação filosóficos. Em outras palavras, propõe-se aqui um método para o ensino de filosofia que seja emancipador, que ofereça a cada um as ferramentas para pensar por si mesmo.

Se quisermos investir em um ensino ativo da filosofia, que seja um convite ao pensamento, a uma emancipação intelectual dos estudantes, precisamos então nos preocupar com a maneira pela qual o pensamento se processa. Se não há métodos para aprender, como pensar o aprendizado do pensamento?

Como afirmou Deleuze (2006a, p. 237), "nunca se sabe de antemão (...) em que dicionários se aprende a pensar". Mas há uma dica fundamental: o pensamento é sempre resultado de uma violência; somos *forçados* a pensar. Como exposto aqui anteriormente, Deleuze sai do registro da tradição, em que se toma o pensamento como algo "natural" no ser humano, para tomá-lo como resultado de uma violência, de um encontro com algo que nos força a produzir um resultado e esse resultado é o ato de pensar. Referindo-se a Artaud, Deleuze (*idem*, pp. 213-214) afirma que ele, intuitivamente, sabia que o pensamento não é inato e que a questão, de fato, não é saber como dirigi-lo, organizá-lo, mas sim como engendrá-lo, fazê-lo nascer, uma vez que ainda não existe. O pensamento é a criação no próprio ato de pensar, já por si um ato criativo, de engendramento.

O filósofo francês parece recuperar um texto da juventude de Nietzsche que só seria publicado postumamente: *Acerca da verdade e da mentira no sentido extramoral*. Nesse texto pequeno, provocador e instigante, Nietzsche começa afirmando a historicidade do conhecimento e da verdade, invenções humanas – "Em algum remoto rincão do universo cintilante que se derrama em um sem-número de sistemas solares, havia uma vez um astro onde animais inteligentes inventaram o conhecimento" (1997, p. 215) –, para criticar a presunção do filósofo, o mais orgulhoso dos homens. Um dia, continua ele, quando o sol desse astro deixar de brilhar, esses seres inteligentes terão que morrer. E tudo o que inventaram e construíram perecerá com eles, em sua soberba. Mas o que quero ressaltar desse texto é sua ideia de que o conhecimento é uma *invenção*. Inventamos o pensamento, como um acontecimento na história da humanidade, que bem poderia não ter ocorrido. O pensamento não é necessário, no sentido de natural, mas produzido, fabricado, inventado.

Mais adiante, Nietzsche enfatiza que por trás de todo conceito há uma experiência sensível: "(...) uma estimulação nervosa em imagens é, senão a mãe, pelo menos a avó de todo conceito" (*idem*, p. 223). Nesse texto, Nietzsche está tomando o conceito em sua acepção clássica, platônica, de representação, para criticá-la, mostrando que sua origem é sensível; o conceito do qual falarão Deleuze e Guattari como produto da filosofia é pensado em outro registro, justamente na esteira dessa provocação do filósofo alemão. Essa origem sensível de todo conceito apontada por Nietzsche é o que Deleuze denominou como *problema*.[7]

---

7. São retomadas aqui as questões desenvolvidas no tópico "O problema como motor do pensamento", do Capítulo 3, com o objetivo de reafirmar alguns pontos, bem como complementar e aprofundar mais certos aspectos.

O problema, aquilo que nos força a pensar, é um encontro, um acontecimento que se produz no âmbito da sensibilidade, não da racionalidade. O problema – tal como pensado na matemática – só é racional em segunda instância. Quando um problema é equacionado, ganha uma forma lógica, ele já traz em si sua solução; mas o problema de primeira ordem, do qual fala Deleuze, é pura sensibilidade, nada tem de racional e não aponta para qualquer solução.

No prefácio à edição norte-americana da obra *Diálogos*, Deleuze (2003b, p. 284) começa escrevendo: "sempre me senti empirista, isto é, pluralista". Ele explica que o empirismo está intimamente relacionado com as multiplicidades, na medida em que recusa a abstração generalizante. Para um empirista, trata-se de examinar o estado de coisas que faz com que se produza um conceito, sem tomá-lo como preexistente. E a mobilização desse estado de coisas se dá sempre em torno de um problema, o qual permite aglutinar pontos da multiplicidade que o envolve, gerando efeitos múltiplos. Como vimos anteriormente, de modo bastante interessante Robert Sasso e Arnaud Villani explicitam essa heterogeneidade do problema, contrapondo-o ao teorema. Enquanto este é generalizante e globalizante, resultado de um trabalho do pensamento, o problema é singularizante, é uma forma sensível de agenciar vizinhanças, sendo anterior ao próprio pensamento.

É justamente o fato de tomar o problema como um encontro sensível que faz com que Deleuze afirme que ele é *objetivo*, nada tendo de subjetivo, de racional. "Problema todo mundo tem / cada um cuida do seu e tudo bem" diz a letra de uma música dos Titãs,[8] evidenciando a noção comum

---

8. Trata-se de "Problema", de Paulo Miklos, Arnaldo Antunes e Liminha, gravada pelos Titãs no CD *Sacos plásticos*, de 2009. A letra é a seguinte:
Problema todo mundo tem / Quem não tem problema não é ninguém
Problema todo mundo tem / Cada um cuida do seu e tudo bem
Problema todo mundo tem / Tem até quem vê problema onde não tem
Problema todo mundo tem / Cada qual com o problema que lhe convém
Quem não tem invente / Pegue de algum parente
Mastigue pedra pra ter dor de dente / Escreva uma carta para o presidente
Arranje um problema para ser mais decente / Se você quiser eu te dou um de presente
Invente o seu problema / Não sei que lá / Não sei o que cê vai falar… / (não gostou?).

de que o problema é subjetivo, é de cada um. Mas, para Deleuze, embora todo problema seja singular, isso não faz dele algo subjetivo. Em *Lógica do sentido* ele já havia colocado que as singularidades são impessoais e pré-individuais (1998, p. 110), deslocando-as do campo do subjetivo como lugar de identidade e de enunciação de um *eu*. O problema é um encontro sensível, que ocorre no nível das sensações, por isso é experiência singular e objetiva.

Dessa concepção empírica e objetiva do problema decorre que, por mais tentador que possa parecer, não podemos daí derivar um uso pedagógico, uma "pedagogia do problema", pela simples razão de que, ao colocar um problema como instrumento metodológico, ele já não será um problema.[9] Problema, no sentido deleuziano, não se propõe, não se empresta, não se presenteia, nem mesmo se inventa. Assim como os acontecimentos, não escolhemos nossos problemas, nem os inventamos. Deparamo-nos com eles, somos confrontados por eles, que nos impõem a violência da necessidade do pensar. E, assim, fica impossível saber de antemão o que será problemático para nós ou para qualquer um.

Uma "pedagogia do problema" tornada método significaria um uso do problema já racionalizado, subjetivado, que traria em si mesmo a solução, como o uso pedagógico do problema, da resolução de equações, por exemplo, em uma aula de matemática. Isso significa a perda do "potencial problemático" do problema como motor do pensamento, como esse encontro inusitado que nos força a pensar. Em uma "pedagogia do problema" lidaríamos com "falsos problemas" e não com problemas originais, objetivos e sensíveis.

Como poderíamos pensar, então, a questão do problemático no ensino de filosofia? Como, para além de uma pedagogia do problema, experimentar uma pedagogia do conceito?

---

9. Um trabalho bastante abrangente e aprofundado sobre as filosofias e as pedagogias do problema pode ser encontrado na obra de Michel Fabre, *Philosophie et pédagogie du problème*. Pesquisador do campo problemático na educação, nessa obra ele se dedica a identificar diferentes noções de uma filosofia do problema e o possível uso pedagógico delas, passando por Dewey, Bachelard, Deleuze e Meyer. Como vimos antes, porém, para Deleuze, uma "pedagogia do problema" não faz sentido (ver a crítica de Deleuze às pedagogias do problema em *Diferença e repetição*, p. 228 ss.). O que se busca, então, é uma "pedagogia do conceito", que tenha no problema um de seus fatores centrais.

Pistas para um "método regressivo" no ensino de filosofia

Em *O que é a filosofia?*, ao caracterizar o filosofar como o ato de criar conceitos, Deleuze e Guattari afirmam que todo conceito provém de um problema ou de um conjunto de problemas. Pode ser um problema "original", ou mesmo um problema que se considera malvisto ou malcolocado na história da filosofia (1992, p. 28). Para criar os conceitos, é necessário que se trace um plano de imanência, e é nesse plano que se desdobra o campo problemático de um filósofo. Em um texto anterior,[10] Deleuze trabalhou a ideia de que um criador – seja ele filósofo ou artista, um cineasta, por exemplo – não o faz por prazer, mas por necessidade (2003b, pp. 292, 294). "Necessidade" aparece aqui como o outro nome do problema, como aquilo que faz pensar, que move a criação.

O que penso que podemos considerar como pistas para um "método regressivo" para o ensino de filosofia seria a busca do problema ou do conjunto de problemas que engendrou o conceito de um determinado filósofo. O filósofo cria conceitos e, quando escreve seus textos, o faz para apresentar seus conceitos. Geralmente, um texto filosófico não apresenta seus problemas, mas os conceitos criados para enfrentá-los. E quando os jovens estudantes leem um texto de filosofia, não compreendem o que o filósofo quer dizer com aquilo. "Que papo é esse de dúvida em Descartes, será que ele não tinha mais o que fazer?"; "Que *viagem* é esta de Platão, ao falar de um 'mundo das Ideias'?". A filosofia parece algo muito abstrato quando não sabemos de onde saíram os conceitos, que movimentos fez o filósofo para criá-los.

Para mostrar o processo do filosofar pelos filósofos, algo que poderia transformar a filosofia em algo vivo e pulsante aos olhos dos estudantes, seria interessante justamente "tirar da sombra" os problemas, lançar luz sobre aquilo que os textos escondem. Abrir a "cozinha" da filosofia, ver como os filósofos trabalham para construir suas ideias, seus conceitos, seus

---

10. Trata-se do já referido "O que é o ato de criação?", texto da conferência proferida para cineastas em 1987 na Femis, em Paris.

sistemas. Podemos, por exemplo, ler o *Discurso do método* de Descartes e tentar compreender o conceito de dúvida metódica. O processo pode ser facilitado se nos perguntarmos o que levou o filósofo a criar esse conceito, se compreendermos seu movimento de pensamento, do campo problemático que o engendra, passando pelos componentes que ele encontra na história da filosofia, para chegar a seu produto final, o conceito criado.

Um exemplo bastante interessante é dado pelo próprio Deleuze na longa série de entrevistas que concedeu a Claire Parnet em 1988, mobilizado pelas letras do alfabeto, as quais foram filmadas e editadas por Pierre-André Boutang e que seriam veiculadas pela primeira vez na televisão francesa em 1994 com o título *O abecedário de Gilles Deleuze*.[11] No verbete H, que remete à história da filosofia, ele afirma que é o conhecimento dessa história que nos faz ver a filosofia como algo vivo e menos abstrato. Toma como exemplo o conceito de Ideia, criado por Platão. Talvez não haja nada mais abstrato na filosofia. Mas, diz Deleuze, o conceito de Ideia responde a um problema muito concreto, o problema dos *pretendentes*. Embora longo, penso que seja importante reproduzir aqui um trecho da transcrição dessa entrevista, na medida em que é muito esclarecedor.

> (...) Uma coisa que é só o que ela é. É o que Platão quis dizer quando disse: "Só a Justiça é justa". Porque só a Justiça não é outra coisa além de justa. A gente vê que, no fundo, é muito simples. Claro que Platão não parou só nisso, mas seu ponto de partida foi: "Suponham-se tais entidades que sejam apenas o que elas são, iremos chamá-las de Idéias". Portanto, ele criou um verdadeiro conceito, este conceito não existia antes. A idéia da coisa pura. É a pureza que define a idéia. Mas por que isso parece abstrato? Por quê? Se nos entregamos à leitura de Platão é por aí que tudo se torna tão concreto! Ele não diz isso por acaso, não criou este conceito de Idéia por acaso. Ele se encontra em uma determinada situação em que, aconteça o que acontecer, em uma situação muito concreta, o que quer que aconteça ou o que quer que seja dado, há pretendentes. Há pessoas

---

11. No Brasil, a TV Escola possui os direitos de exibição desse programa e o veicula periodicamente, com o som original francês e com legendas em português. É possível encontrar em *sites* da internet a transcrição da entrevista, em português.

que dizem: "Para tal coisa, eu sou o melhor". Por exemplo, ele dá uma definição do político. E ele diz: "A primeira definição do político, como ponto de partida, seria o pastor dos homens". É aquele que cuida dos homens. Mas, aí, chega um monte de gente dizendo: "Então, eu sou o político. Eu sou o pastor dos homens". Ou seja, o comerciante pode ter dito isso, o pastor que alimenta, o médico que trata, todos eles podem dizer: "Eu sou o verdadeiro pastor". Em outras palavras, há rivais. Agora, está começando a ficar mais concreto. Eu digo: um filósofo cria conceitos. Por exemplo, a Idéia, a coisa enquanto pura. O leitor não entende bem do que se trata, nem a necessidade de criar um conceito assim. Mas se ele continua ou reflete sobre a leitura, ele percebe que é pelo seguinte motivo: há uma série de rivais que pretendem esta coisa, são pretendentes e que o problema platoniano não tem nada a ver com o que é a Idéia – do contrário, seria abstrato –, mas é como selecionar os pretendentes, como descobrir em meio aos pretendentes qual deles é o bom. E é a Idéia, a coisa em seu estado puro, que permitirá esta seleção e selecionará aquele que mais se aproxima. Isso nos permite avançar um pouco, pois eu diria que todo conceito – por exemplo, o de Idéia – remete a um problema. Neste caso, o problema é como selecionar os pretendentes. Quando se faz Filosofia de forma abstrata, nem se percebe o problema. Mas quando se atinge o problema, por que ele não é dito pelo filósofo? Ele está bem presente em sua obra, está escancarado, de certa forma. Não se pode fazer tudo de uma vez. O filósofo já expôs os conceitos que está criando. Ele não pode, além disso, expor os problemas que os seus conceitos... ou, pelo menos, só se podem encontrar estes problemas através dos conceitos que criou. E se não encontrou o problema ao qual responde um conceito, tudo é abstrato. Se encontrou o problema, tudo vira concreto. É por isso que, em Platão, há constantemente estes pretendentes, estes rivais! Está ficando cada vez mais óbvio. Por que é que isso ocorre na cidade grega? Por que é que foi Platão quem inventou este problema? O problema é como selecionar os pretendentes e o conceito... a filosofia é isso: problema e conceito. O conceito é a Idéia, que deveria dar os meios para selecionar os pretendentes (...). (Deleuze *in* Boutang 2004, *H comme histoire de la philosophie*)

Toda a abstração da filosofia platônica, toda essa noção etérea de Ideia, de Mundo das Ideias, ganha uma concretude absoluta quando confrontamos o conceito de Ideia ao problema dos pretendentes. Diante de um problema objetivo, a necessidade de escolha do melhor, do mais apropriado dentre um conjunto de rivais que disputam, Platão inventa um conceito que permite fazer a distinção e fundamentar a escolha. A filosofia não é uma abstração diletante, a criação de um mundo ideal, mas o trabalho do pensamento que nos permite enfrentar problemas objetivos, concretos e, se não solucioná-los, pelo menos equacioná-los racionalmente, a fim de poder construir soluções posteriormente.

O mesmo procedimento que Deleuze aplica a Platão, de modo tão claro, podemos aplicar a Descartes, a Kant ou a qualquer outro filósofo. E aí estão as pistas para um "método regressivo" no ensino de filosofia:

1) escolher um texto ou uma parte de um texto de um filósofo;
2) ler esse texto com os estudantes;
3) evidenciar o conceito proposto pelo filósofo ali;
4) investigar o problema ou os problemas que moveram o filósofo a criar tal conceito.

Deliberadamente, não estou dizendo aqui "como fazer", pois isso seria impor a camisa de força de um método fechado. As pistas acima indicadas têm a pretensão de abrir caminhos possíveis para uma exploração do pensamento, e não a de definir os protocolos estreitos do pensar correto. Há algumas coisas das quais não podemos abrir mão: o contato com textos dos próprios filósofos, a leitura desses textos, a busca pelos conceitos criados pelos filósofos e presentes no texto; a investigação em torno do campo problemático que fez brotar aqueles conceitos. Como fará isso, em que ordem, com quais estratégias, se usando ou não trabalhos de grupo, se usando ou não pesquisas bibliográficas ou pela internet etc., fica a critério de cada professor, no ambiente em que trabalha e com as condições de que dispõe.

Penso que esse "método regressivo", que parte do conceito criado para evidenciar o problema que o motivou, tem o potencial de evidenciar aos estudantes o processo do filosofar, de mostrar a concretude da filosofia e a forma de trabalho do filósofo. Não se trata, aqui, de em seguida convidar o estudante a "fazer como" o filósofo, mas sim de procurar despertá-lo para a possibilidade desse fazer filosófico e lançar um convite para "fazer com".

Em suma, um ensino de filosofia que regrida do conceito ao problema é uma forma de exercitar aquilo que, páginas atrás, chamamos, com Rancière, a "transmissão do sentimento de ignorância". O filósofo pensa não porque sabe, mas porque ignora. A experiência do problema mobiliza no filósofo o sentimento de ignorância, que o leva a investigar, a procurar e a criar os conceitos. Ensinar filosofia de modo ativo, convidando ao aprendizado, seria, portanto, mais do que transmitir a sabedoria filosófica – os conceitos criados –, transmitir o sentimento de ignorância e a vivência dos problemas como mobilizadores e impulsionadores do pensamento.

Pensamento e emancipação: Ter direito aos próprios problemas

"Problema todo mundo tem e quem não tem problema não é ninguém", diz a canção "Problema" dos Titãs, já citada. Sim, para o exercício do pensamento, quem não tem problema não é ninguém, posto que não se pensa sem um problema mobilizador; mas nada mais falso do que dizer que "problema todo mundo tem". Não é raro que sejamos alijados de nossos problemas para sermos confrontados com problemas impostos – falsos problemas, portanto – por uma determinada prática escolar. Ou que sejamos confrontados por soluções que não demandamos, que servem como anteparos para que não experimentemos nossos problemas. Esse seria exatamente o caso de um ensino enciclopédico de filosofia, que desfilasse um sem-número de conceitos na tentativa de impor uma erudição e uma suposta sabedoria. Ou o caso de um ensino de filosofia da ordem do profissional e do comercial, que vendesse a nós exatamente os conceitos dos quais necessitamos, ainda que não saibamos ou não tenhamos consciência disso.

Afirma Deleuze que é importante que cada um tenha direito a seus próprios problemas.[12] É importante que cada um viva o problema como seu, faça sua própria experimentação, e não assuma falsamente o problema imposto por outrem. Essa seria a condição de uma pedagogia do conceito, de um aprendizado da filosofia que significasse um novo começo.[13]

Uma vez mais, como afirmou Deleuze, somos escravos enquanto não temos o direito de enfrentar nossos próprios problemas. Um ensino de filosofia que não abra espaço para que os estudantes façam suas próprias experiências, encontrem e experimentem seus próprios problemas não será um ensino ativo que convide ao aprendizado – de fato – da filosofia. Um ensino de filosofia que se coloque no âmbito de uma transmissão enciclopédica, ou no âmbito de um trato profissional e comercial do conceito, relega ao estudante o papel de coadjuvante, de receptor da transmissão, sem motivá-lo a fazer ele mesmo o movimento do pensamento.

Por sua vez, um ensino de filosofia que se disponha a uma pedagogia do conceito teria no direito aos próprios problemas sua pedra de toque. Um "método regressivo" que demonstrasse o trabalho do filósofo em ato seria seu ponto de partida, mas nunca seu ponto de chegada. As pistas de um método podem nos fazer começar e nos colocar nas trilhas de uma investigação do trabalho filosófico, mas não há método que possa nos impor problemas e nos colocar na fôrma de um certo pensar. Ele precisaria estar aberto ao encontro dos problemas próprios, à emergência do acontecimento-problema, fornecendo as ferramentas conceituais da filosofia que poderiam ser utilizadas como instrumentos e componentes para a construção do pensamento próprio, para a instauração de um "novo começo", como chamou Douailler.

---

12. Ver Deleuze 2006a, p. 228, especialmente o trecho já citado aqui no tópico "O problema como motor do pensamento", no Capítulo 3.
13. Stéphane Douailler (2003, pp. 17-30) vale-se também de Rancière para defender um ensino de filosofia que seja um pensar por si mesmo. Para ele, todo ensino de filosofia, como exercício do sentimento de ignorância, é dotado de um "poder de começo": cada um começa o movimento da/na filosofia por si mesmo, com base na experiência com o mestre.

Um ensino ativo da filosofia como "convite" ao aprendizado, a uma pedagogia do conceito, significa uma resistência à sociedade pedagogizada. Na conferência de Deleuze para cineastas em 1987 e que já citei aqui, ele recorre a uma formulação de Malraux – de que a arte é uma forma de resistir à morte (2003b, p. 301) – para afirmar que toda criação é resistência. Resistência à morte, que significa sucumbir à sociedade de controle que se erige sob nossos olhos. E um dos aspectos dessa sociedade de controle é a sociedade pedagogizada, que procura controlar o que cada um aprende, como aprende, quando aprende, ao manter o aprendiz sob o domínio de um mestre explicador.

Ensinar não como ato de controle, mas como um convite a um aprendizado, a um "fazer com", à inauguração de um novo começo que nós, professores, não temos como saber qual será, é um ato de desprendimento e de militância. Desprendimento de conteúdos, de saberes prontos, em nome de um possível encontro com signos que mobilizem no aprendiz a necessidade de pensar e construir seus próprios caminhos, decorrentes de seus encontros e suas escolhas. Militância em prol do pensamento, do aprendizado de cada um, para além de qualquer ensino. Para o caso de um ensino de filosofia como pedagogia do conceito, trata-se de experimentar o ensino não como emissão de "palavras de ordem",[14] mas fazendo "gaguejar" o saber, convidando cada um a experimentar os próprios problemas para, de dentro de seu campo problemático, orientar-se no pensamento como quem recomeça uma jornada muito antiga, mas sempre nova e inovadora.

---

14. Em *Mil platôs*, no ensaio "20 de novembro de 1923 – Postulados da linguística", Deleuze e Guattari afirmam que a professora, quando *en-signa*, não transmite uma informação, mas emite uma palavra de ordem. O ensino oficial é essa máquina poderosa de produzir um horizonte restrito para a produção de signos. E é em um dos ensaios de *Crítica e clínica* que Deleuze afirma que *gaguejar* na língua é inventar um novo estilo, produzir um uso menor da língua, e aí está a criatividade na literatura.

5. Para além da explicação: O professor e o aprendizado ativo da filosofia

Podemos nos perguntar agora: qual o papel do professor de filosofia, nessa perspectiva de um ensino de filosofia como propedêutica à paciência do conceito, como convite ao exercício do pensamento conceitual? Nesse tipo de trabalho, o professor aparece como um *intercessor*, como um elemento que possibilita, que catalisa a criação. Vejamos como Deleuze definiu o intercessor, numa entrevista de 1985, publicada em *Conversações*:

> O essencial são os intercessores. A criação são os intercessores. Sem eles, não há obra. Podem ser pessoas – para um filósofo, artistas ou cientistas; para um cientista, filósofos ou artistas –, mas também coisas, plantas, até animais, como em Castañeda. Fictícios ou reais, animados ou inanimados, é preciso fabricar seus próprios intercessores. É uma série. Se não formamos uma série, mesmo que completamente imaginária, estamos perdidos. Eu preciso de meus intercessores para me exprimir, e eles jamais se exprimiriam sem mim: sempre se trabalha em vários, mesmo quando isso não se vê. E mais ainda quando é visível: Félix Guattari e eu somos intercessores um do outro. (1992, p. 156)

O professor de filosofia é aquele que, na contramão da aceleração e da imediatez dos tempos hipermodernos, chama seus alunos à paciência do conceito, ao movimento do pensamento, ao trato com a filosofia. Sem a ação transversal do professor de filosofia, que corta o movimento inercial da aceleração hipermoderna, os estudantes não fariam o movimento da filosofia. Por isso ele é um intercessor, um catalisador da relação com o conceito, da criação, para além da opinião generalizada.

Assim pensado e assim vivido, o ensino de filosofia na educação básica – especialmente no ensino médio – coloca-se para além de uma visão meramente instrumental da filosofia, como promotor de uma determinada situação social (por exemplo, a formação para a cidadania); ao contrário, representa uma ampliação dos horizontes culturais dos estudantes. Tal ampliação faz-se tanto por intermédio do não filosófico – o uso na etapa de sensibilização de vários elementos culturais e artísticos –, quanto do propriamente filosófico – a investigação dos conceitos na história da filosofia –, visando à efetivação do movimento próprio da filosofia, a criação de conceitos.

Haverá como negar que os jovens que passem pela experiência da paciência do conceito, ou ao menos pela sua propedêutica, terão condições de exercício de uma cidadania plena? A resistência ativa aos tempos hipermodernos e à generalização da opinião pelo exercício do conceito não será, ela própria, um ato de uma cidadania não tutelada?

Pensando agora pelo viés do professor de filosofia, retomemos então nossos desafios: como ensinar filosofia no ensino médio? Mais do que isso: como ensinar *de maneira significativa* filosofia para os jovens brasileiros de nossos dias?

Encontramos num texto do filósofo alemão Friedrich Nietzsche, escrito em 1874, um alerta importante. Em *Schopenhauer como educador*, ele denunciou o ensino de filosofia na escola média alemã de sua época, e também o ensino dessa disciplina nos primeiros anos dos cursos universitários, como o exercício de um *desprezo* pela filosofia. Segundo Nietzsche, o Estado alemão havia investido na filosofia décadas antes, por exemplo, na época de Hegel, quando precisava de suporte para sua consolidação. Mas, no final do século XIX, com o Estado já consolidado, passou-se a ensinar uma filosofia completamente afastada da vida dos jovens estudantes. O ensino criticado por Nietzsche era um ensino "enciclopédico": os jovens aprendiam uma série de sistemas filosóficos, seus princípios doutrinários e as críticas a esses sistemas. E depois deviam fazer uma prova em que demonstrassem o aprendizado. Segundo o filósofo, o resultado era que os estudantes decoravam os sistemas e suas refutações às vésperas do exame, faziam a prova e esqueciam tudo em seguida. Esse era o desprezo pela filosofia: algo que se decora para passar num exame e esquecer em seguida.

No Brasil de nossos dias, este é o desafio: como não temos um currículo definido para a filosofia, a abertura é muito grande, e os desafios são enormes. Um dos riscos é justamente o de cairmos num ensino enciclopédico, como aquele criticado por Nietzsche mais de 100 anos atrás... E não é um risco assim tão pequeno: algumas universidades têm introduzido provas de filosofia em seus exames vestibulares, com um programa que abarca praticamente toda a sua história. Daí para que as escolas de ensino médio definam um currículo para a disciplina de filosofia que seja um panorama histórico a ser descortinado em um ou dois anos é apenas um passo. E penso que um ensino enciclopédico como esse teria muito pouco a dizer ao jovem brasileiro, levando a um desprezo pela filosofia.

No tópico "A defesa de um ensino ativo", no Capítulo 1, foi apresentada a crítica de Rancière aos professores de filosofia franceses, em vários pontos assemelhada a essa crítica de Nietzsche. Lembremos ainda que, segundo o filósofo francês, podemos falar em três tipos de mestre: o "explicador", o "livro aberto" e o "ignorante", sendo este último sua aposta. Se há um risco mortal no ensino enciclopédico de filosofia (Nietzsche), há também, pois, um risco de morte em seu ensino explicativo (Rancière). Pensar a formação do professor de filosofia para a educação média requer, pois, que busquemos possibilitar a esse professor ocupar, na instituição escolar, o ponto de reversão da autoridade do saber de que fala Rancière, pelo exercício do princípio da ignorância, próprio à atividade filosófica.

Três possíveis eixos curriculares

Pensemos então como organizar aquilo que será trabalhado nas aulas de filosofia na educação média. Temos ao menos três eixos em torno dos quais podemos construir um currículo de filosofia: um *eixo histórico*, um *eixo temático* e um *eixo problemático*.

No primeiro, organizamos os conteúdos a serem ensinados seguindo uma cronologia histórica. O problema, nesse modelo, é que a chance de cair num ensino enciclopédico, apresentando um desfile de nomes de filósofos, pensamentos e datas, é muito grande. E, no contexto de um currículo já muito conteudista, corre-se o risco de que a filosofia seja vista apenas como um conteúdo a mais.

No segundo, elegemos temas de natureza filosófica, como a liberdade, a morte ou outro qualquer, os quais podem ser tratados, ou não, numa abordagem histórica. De todo modo, os conteúdos são apresentados de forma temática, numa tentativa de torná-los mais próximos da realidade vivida pelos jovens. Em termos de organização didática dos conteúdos a serem trabalhados no nível médio, essa abordagem parece-me mais apropriada que a anterior.

Por fim, na terceira alternativa, os conteúdos são organizados em torno dos problemas tratados pela filosofia, os quais, por sua vez, se recortam em temas e podem ser abordados historicamente. Em minha visão, essa abordagem abarca as duas anteriores, na medida em que permite tanto o acesso aos temas filosóficos mais relevantes quanto à história da filosofia. Mas também avança para além delas, pois toma a filosofia como uma ação, uma atividade, posto que se organiza em torno daquilo que motiva e impulsiona o filosofar, isto é, o problema.

Os dois primeiros eixos de construção curricular nos colocam muito próximos de cair na armadilha do enciclopedismo ou do ensino explicativo e embrutecedor. O eixo do problemático, por sua vez, é aquele que pode nos colocar mais próximos da lógica da aprendizagem. O exercício da problematização é o exercício do equacionamento da ignorância. É o exercício de reconhecer a ignorância e colocar-nos, professores e alunos, no caminho da aprendizagem.

A formação do professor de filosofia nos cursos de licenciatura

O tema da formação do professor de filosofia nos cursos de licenciatura ganhou atualidade e relevância quando, em 2006, o Conselho Nacional de Educação aprovou a Resolução que seria publicada no ano seguinte, n. 04/07, indicando a filosofia e a sociologia como disciplinas obrigatórias nos currículos do ensino médio. Depois, em 2008, a lei n. 11.684/08 alterou a Lei de Diretrizes e Bases da Educação Nacional, definindo, de fato, a obrigatoriedade dessas duas disciplinas em todo o país. Torna-se urgente, portanto, pensar a formação do professor de filosofia, a fim de garantir que a implantação da disciplina nos currículos seja feita de forma séria e competente, por profissionais bem formados.

Um dos principais problemas com os quais nos deparamos nessa formação é que o modelo dos cursos de licenciatura no Brasil é ainda, em grande medida, dicotomizado. Investe-se na formação específica (em determinada área do saber) em um departamento ou instituto e na formação do professor em um departamento ou faculdade de educação. Em outras palavras, a formação do bacharel e do professor são tratadas de forma separada. Mesmo com a desejada superação do modelo 3+1 (três anos de bacharelado e um ano de licenciatura), com os esforços realizados a partir da construção das diretrizes curriculares para cursos de licenciatura, com a definição da necessidade de 400 horas de práticas pedagógicas e mais 400 horas de estágio, a dicotomização da formação persiste em nossos cursos superiores.

Para enfrentar esse problema, penso ser necessária uma *transversalização* de áreas: não se pode tratar o professor de filosofia como um professor "em geral"; não basta um conhecimento "técnico" de como dar aulas ou mesmo conhecimentos teóricos do campo educacional para, agregados a conhecimentos específicos em filosofia, formar um bom professor de filosofia.

Penso que a filosofia traz, intrinsecamente, uma "ensinabilidade"; a relação de ensino, a relação mestre-discípulo é uma constante na história da filosofia. Assim, saber filosofia precisa ser saber ensinar filosofia e saber aprender filosofia. É preciso, pois, envolver a área específica, dos domínios estritamente filosóficos, com a problemática do ensino; em suma, é preciso fazer uma "filosofia do ensino de filosofia". Contudo, certamente o professor de filosofia não pode prescindir dos conhecimentos específicos da área de educação. Ele precisa dominá-los e articulá-los com os conhecimentos filosóficos, de forma transversal.

Em minha opinião, o lócus privilegiado para a formação do professor de filosofia é o Departamento de Filosofia, desde que os saberes filosóficos sejam atravessados – e por sua vez atravessem – os saberes educacionais e pedagógicos. É preciso que haja uma interlocução real da filosofia com a educação para a formação do professor.

Embora a problemática do ensino de filosofia na educação básica esteja sendo debatida no Brasil como nunca o foi antes, e embora os avanços que vivenciamos sejam bastante significativos, ainda há muito que ser trabalhado. Uma das questões a ser enfrentada de forma mais intensa e aprofundada é, justamente, a da formação do professor de filosofia. Como nossos cursos de licenciatura estão procedendo? Como as atividades de "Prática de Ensino em Filosofia" estão sendo desenvolvidas? Como tem sido pensado e praticado o "Estágio Supervisionado em Filosofia"? Como as disciplinas de "Didática Específica em Filosofia" têm colocado a questão do ensino e o papel do professor de filosofia nessa atividade?

Quando do estabelecimento das Diretrizes Curriculares para Cursos de Graduação, a comissão do Ministério da Educação responsável por definir os parâmetros da formação do profissional da filosofia fez poucas alterações em relação ao que já estava posto como referência para a área. Mas houve algum avanço, na medida em que, ao se debruçar sobre as áreas essenciais para a formação do bacharel, a comissão indicou que, no caso dos cursos que oferecessem também a licenciatura, essa formação deveria ser complementada com os conteúdos necessários à formação do professor de filosofia. Porém, a comissão de especialistas não se ocupou de definir que conteúdos seriam esses, deixando aberta a questão.[1]

Sabemos todos que, no estabelecimento desses mecanismos de política educacional, o Ministério, por intermédio do Conselho Nacional de Educação, acabou definindo Diretrizes Curriculares para os Cursos de Licenciatura que, por sua vez, optaram por colocar parâmetros gerais para todas as áreas, determinando 400 horas de práticas pedagógicas e 400 horas de estágio supervisionado. Tal empreendimento, se tem o caráter positivo de preocupar-se com uma formação sólida do futuro professor, buscando articular, ao longo de todo o curso de graduação, teoria e prática, por outro lado tem o caráter negativo de considerar que os professores são formados mais ou menos da mesma maneira, independentemente da área de saber em que atuarão. É uma posição no mínimo questionável, por definir que há uma especificidade no "ser professor" que independe da área de atuação, quando, ao contrário, penso que cada área tem suas especificidades, que implicam um "ser professor" diferenciado.

Outro efeito indesejável dessas Diretrizes é o potencial descompromisso da área específica com a formação docente, reforçando um modelo que já está de certa forma cristalizado em algumas de nossas melhores universidades: a formação distinta do bacharel e do licenciado. Isso joga por terra todo o esforço de buscar articular teoria e prática. O mesmo ocorre com a definição de um "ser professor" que é distinta de um "ser pesquisador" (bacharel), uma vez que cada um deles é formado num curso distinto. Observemos como o texto das Diretrizes trata a questão:

> Os cursos deverão formar bacharéis ou licenciados em Filosofia. O bacharelado deve caracterizar-se principalmente pela pesquisa, em geral

---

1. As Diretrizes Curriculares para os Cursos de Graduação em Filosofia foram aprovadas pelo Conselho Nacional de Educação e publicadas oficialmente em 2002. Conferir: CNE. Resolução CNE/CES 12/2002. *Diário Oficial da União*, Brasília, 9 de abril de 2002. Seção 1, p. 33. O texto completo está disponível no *site* do MEC na internet (www.mec.gov.br).

direcionada aos programas de pós-graduação em Filosofia, bem como ao magistério superior. A licenciatura, a ser orientada também pelas Diretrizes para a Formação Inicial de Professores da Educação Básica em cursos de nível superior, volta-se sobretudo para o ensino de Filosofia no nível médio. Ambos os cursos devem oferecer substancialmente a mesma formação, em termos de conteúdo e de qualidade, organizada em conteúdos básicos e núcleos temáticos. (Brasil-MEC/CNE 2001, pp. 3-4)

Reagindo a tal visão dicotomizada e excludente, desarticuladora de teoria e prática, de pensamento e ação, o debate contemporâneo sobre o ensino de filosofia tem insistido no caráter intrinsecamente educativo da filosofia. De tal forma que não podemos fazer filosofia, pesquisar filosofia, sem que essa atividade também seja, de alguma forma, uma atividade educativa, de si mesmo ou dos outros.

Há ao menos três interrogações que precisamos enfrentar para pensarmos a formação do professor de filosofia. Passo a discutir cada uma delas, ainda que de forma breve.

1. Que filosofia?

Sabemos que há diversas filosofias. A primeira tarefa do futuro professor é saber localizar-se nessa multiplicidade e escolher sua perspectiva. Quando ensinamos filosofia, nós o fazemos desde uma determinada perspectiva. O risco é ensinar a perspectiva como se fosse toda a filosofia, ou como se fosse a única filosofia, ou ainda como se fosse a melhor das filosofias. A melhor maneira de escapar dessa armadilha, parece-me, é ter clareza em relação a que perspectiva de filosofia adotamos e deixar claro para nossos alunos que ensinamos a partir dessa perspectiva, sem com isso querermos esgotar o campo filosófico.

Para que esse contexto multifacetado se descortine para o aluno, é preciso que o professor tenha clareza sobre qual é seu lugar de fala, a fim de que consiga fazer o exercício do diálogo democrático com os saberes e não ensine de forma autoritária e doutrinária.

2. Que filosofia ensinar no ensino médio?

Um dos grandes desafios que se colocam hoje é saber que filosofia ensinar na educação média, uma vez que a legislação federal refere-se apenas a "conteúdos necessários ao exercício da cidadania". Penso que o risco de uma "transposição didática" pura e simples – ensinando nas aulas de filosofia um compêndio das grandes correntes, dos pensadores de destaque, das principais ideias, ou seja, pinceladas de um arremedo de filosofia – é grande.

A esse respeito, vale a pena retomarmos o alerta das críticas feitas por Nietzsche (2003), em "Schopenhauer como educador", ao ensino de filosofia na Alemanha de sua época, que já citei anteriormente. O filósofo alertava para o desastre que era fazer aquelas mentes juvenis, inexperientes, decorarem 50 sistemas filosóficos tomados de forma sistemática, assim como as 50 refutações a esses mesmos sistemas. O resultado era que, no dia seguinte ao exame, era tudo descartado, esquecido. Em outro texto da época, que Nietzsche não publicou em vida (*Sobre o futuro de nossos estabelecimentos de ensino*, de 1872), ele ironiza ao afirmar que as aulas de filosofia, tanto no nível médio quanto na universidade, são um *impedimento* ao filosofar, e não seu *estímulo*.[2] Podemos conectar as críticas de Nietzsche com a posição de Rancière sobre o ensino explicativo da filosofia. Ele embrutece, assujeita o pensamento a um saber estabelecido, a um consenso fabricado por interesses outros. Por isso, ele mais impede o exercício da filosofia como experiência de pensamento do que o estimula.

Contra tal perspectiva, penso que podemos fazer das aulas de filosofia laboratórios de experiências de pensamento, que gosto de chamar de "oficinas de conceito". Um ensino ativo da filosofia, que coloque os jovens estudantes em contato com a própria atividade filosófica: a criação conceitual, mais do que com sua história, ou com os temas dominantes nessa história, ou com os temas hoje importantes. Claro que tudo isso está subentendido e articulado, mas proponho focarmos o ensino no conceito e em sua produção, no ponto de partida do pensamento, isto é,

---

2. Cf. Nietzsche 2003, p. 57.

nos problemas que o motivam, como exercício dessa saudável ignorância que possibilita a experimentação, o aprendizado, a criação, a autonomia.

3. De que professor precisamos para isso?

Ora, um professor que faça esse movimento precisa assumir-se, ele mesmo, como filósofo. Como ele poderia convidar os alunos a fazer o movimento, mediá-los nesse processo, se ele mesmo não o fizer? Parece-me muito interessante, para pensar um ensino ativo da filosofia, a posição apresentada por Stéphane Douailler, de tomar a filosofia como um "poder de começo". Na conferência que proferiu na abertura do Congresso Brasileiro de Professores de Filosofia (Universidade Metodista de Piracicaba, novembro de 2000), Douailler defendeu que todo filosofar é um novo começo, possível apenas pela superação do mestre. Cita como exemplo Platão, que só começa efetivamente a filosofar após a morte de Sócrates, como esforço de levar adiante o legado do mestre, mas já produzindo um novo começo, uma nova filosofia.[3]

Acompanhemos ao menos parte de sua argumentação:

> O ensino da filosofia, mais que um prolongamento sapiencial específico, é um poder de começo. É o que se pode, entre outras coisas, decifrar do prólogo do *Fédon*: diante da questão de um continuar depois de Sócrates, a reafirmação, para efetuar a continuação, de um começo de Platão. A descontinuidade física da filosofia (mortes de homens, perdas de manuscritos, destruição de escolas, esquecimento dos contextos etc.) não se supera somente pela renovação das disciplinas, o arquivamento dos escritos, a defesa das instituições, o aperfeiçoamento dos paradigmas explicativos, mas ainda por uma série descontínua de recomeços que o ato de ensinar produz em particular no dia-a-dia. (Douailler 2003, p. 28)

---

[3]. O texto da conferência de Douailler, intitulado "A filosofia que começa: Desafios para o ensino da filosofia no próximo milênio", foi publicado em Gallo, Cornellie Danelon (orgs.) 2003.

O professor de filosofia, então, é aquele que faz a mediação de uma primeira relação com a filosofia, que instaura um novo começo, para então sair de cena e deixar que os alunos sigam suas próprias trilhas. Sem Sócrates, Platão não teria se iniciado em filosofia; mas sem o desaparecimento (a morte) de Sócrates, Platão não teria feito o movimento de um novo começo, produzindo, ele mesmo, filosofia. O professor de filosofia é aquele personagem que, a um só tempo, sabe e ignora; com isso, não explica, mas medeia a relação dos alunos com os conceitos, saindo de cena em seguida para que tal relação seja desenvolvida por cada um e por todos.

***

Após enfrentar essas interrogações, ainda que introdutória e sucintamente, apresento, de forma esquemática, os requisitos que considero importantes na formação inicial do professor de filosofia:

1) domínio abrangente e crítico da história da filosofia, com visão a um só tempo panorâmica e aprofundada;

2) desenvolvimento de uma postura ativa perante a filosofia, isto é, a disposição de ser, ele próprio, filósofo, de fazer o movimento de criação conceitual (ser ao mesmo tempo pesquisador e professor, mas não um pesquisador que unicamente comenta e reproduz, mas alguém que cria);

3) amplo domínio da cultura, facilidade de acesso à cultura dos estudantes do ensino médio, para poder "fazer a ponte" com eles, garantindo a comunicação. Especialmente nas aulas de filosofia, parece-me importante a tática da sensibilização para os temas e problemas por meio do uso de recursos extrafilosóficos, como cinema, música, literatura, teatro etc.;

4) domínio das técnicas de leitura e interpretação de textos filosóficos, as quais são necessárias para mediar as relações de seus alunos com os textos, em atividades de leitura coletiva e individual;

5) domínio das técnicas de redação de textos filosóficos, indispensáveis para mediar a produção textual dos estudantes;

6) conhecimento da realidade da instituição escolar na qual atuará. Apenas assim será possível não idealizar um ensino de filosofia que não pode ser praticado, mas sim exercitar a arte de inventar e explorar todas as possibilidades que possam ser abertas no contexto de seu lugar de atuação.

Em suma, parece-me que hoje os cursos de licenciatura em filosofia têm em mãos uma tarefa tão árdua quanto importante, que não terá condições de sucesso se ficar restrita aos departamentos de filosofia ou aos departamentos de educação. Apenas uma atuação conjunta, articulada e *transversalizada* dessas duas esferas poderá levar a cabo a formação do professor de filosofia de que necessitamos, para que o ensino de filosofia na educação básica seja um exercício de experimentação do pensamento, um exercício de produção da autonomia, e não mais um embrutecimento e assujeitamento, dessa vez em nome do nobre ideal da cidadania.

Professor de filosofia: Reprodutor do mesmo?

Coerentes com o movimento que temos feito de pensar o ensino de filosofia com as ferramentas da própria filosofia, cumpre-nos explorar filosoficamente a figura do professor de filosofia. Que personagem será esse? Sabemos que, mitologicamente, a figura de Sócrates é evocada como a figura paradigmática do professor (em qualquer área do saber, especialmente em filosofia). Seremos nós, professores de filosofia, os Sócrates de nossos tempos? Ou estaremos mais próximos dos sofistas, tão criticados pelo mesmo Sócrates? Como a formação da licenciatura nos prepara para uma ou outra coisa, ou mesmo para ambas ou para nenhuma?

O modelo de formação do professor de filosofia que temos implantado tem levado, em larga medida, a que ele seja um "reprodutor do mesmo". Com isso quero dizer que a tendência do professor de filosofia recém-formado, ao ver-se numa sala de aula diante de um grupo de alunos, sozinho na tarefa de agir como professor, é reproduzir as experiências que ele mesmo, na condição de estudante, vivenciou em sala de aula.

Em geral, o professor de filosofia busca modelos para balizar sua ação. Modelos positivos, que ele tende a imitar, dos bons professores que teve e que lhe proporcionaram um aprendizado significativo. Mas também modelos negativos, que ele tende a não imitar, de professores que ele não julgou bons, cuja experiência não contribuiu significativamente com o aprendizado. E nesse movimento de rechaço do ruim e imitação do bom, o professor de filosofia constrói sua prática, sua própria imagem de professor de filosofia, seu próprio personagem.

De certa forma, portanto, tendemos a retornar ao mesmo: às mesmas práticas que julgamos condizentes com um bom ensino de filosofia, na mesma medida em que recusamos as práticas que julgamos ruins.

Não é de desprezar o impacto negativo da situação já colocada de dicotomia entre a formação do bacharel e a do professor. Conhecemos quais são as práticas dominantes no ensino de filosofia em nossos cursos de graduação: a análise e o comentário de textos, sem maior empenho na filosofia como atividade criativa, por exemplo, como produção conceitual. Não cabe ao estudante de graduação criar seus conceitos, mas, quando muito, ter contato com os conceitos produzidos pelos filósofos e materializados em seus textos. Uma atividade meramente reprodutora, portanto. E, claro, a tendência desse estudante futuramente, quando professor, será a de reproduzir essa prática reprodutora no ensino de filosofia na educação básica. Reprodução da reprodução; aonde isso pode nos levar?

Um agravante: se há argumentos a sustentar a prática de leitura e comentário de textos filosóficos como fundamental na formação do estudioso de filosofia, isso pode ser desastroso quando reproduzido na educação básica. Afinal, nessa etapa, não se trata de formar estudiosos profissionais de filosofia, mas, quando muito, pessoas que possam ter na filosofia mais um instrumento de produção/gestão de sua vida.

Alejandro Cerletti e Walter Kohan nos ajudam a pensar de forma aguda esse problema quando afirmam que:

> (...) o docente costuma terminar cumprindo uma função de execução ou de mera reprodução de pautas e valores, geralmente estabelecidos de fora, diante dos quais tem pouco poder de reflexão e decisão. Na melhor das hipóteses, poderá transformar-se num bom gerente ou administrador dos saberes e práticas pensados por outros. Um desempenho desse tipo garante comportamentos previsíveis, condutas organizáveis e controláveis, práticas padronizáveis e hierarquizáveis, não apenas nos estudantes mas também nos professores. Então, o docente terá passado a fazer parte, geralmente de forma acrítica, de um dispositivo funcional que o leva a reproduzir valores que mantêm e aprofundam a dominação imposta pelo capitalismo contemporâneo. Esses valores originam-se, fundamentalmente, no mercado ou nas estratégias empresariais. (1999, p. 26)

O "retorno ao mesmo" que percebemos nas práticas docentes em filosofia desdobra-se também na questão dos conteúdos disciplinares. Quais os conteúdos de filosofia a serem trabalhados num currículo de ensino médio? A diretriz legal que temos, a Lei de Diretrizes e Bases da Educação Nacional, determina que os conteúdos de filosofia a serem trabalhados no ensino médio são aqueles necessários ao exercício da cidadania. Mas, como já discutimos aqui, que conteúdos são esses?[4] E poderíamos ainda emendar: o que é mesmo cidadania?

Os conteúdos de filosofia (que não são poucos, se levarmos em conta os dois milênios e meio de produção, e, sobretudo, o fato de que os saberes filosóficos não eliminam os anteriores, mas dobram-se e desdobram-se sobre eles) a serem trabalhados no ensino médio, portanto, poderiam ser, virtualmente, quaisquer.

---

4. Os três documentos referenciais produzidos pelo MEC – PCNEM; PCN+; Ocem – como já apontamos aqui, optam por percursos completamente distintos. Os PCNEM (1999) limitam-se a definir competências e habilidades a serem desenvolvidas em filosofia, sem apontar conteúdos específicos. O PCN+ (Brasil-MEC/SEMT 2002) aponta conteúdos específicos, numa abordagem temática. As Ocem (2006), por sua vez, apontam também conteúdos específicos, mas em uma abrangente perspectiva histórica.

Na medida em que não temos um currículo definido para o ensino de filosofia, seria de esperar, pois, que os conteúdos trabalhados fossem os mais diversos possíveis. Contudo, nas mais distintas pesquisas, realizadas nos diferentes estados brasileiros, o que vemos é uma curiosa repetição. Os temas, assuntos, problemas, filósofos trabalhados nas aulas do ensino médio são espantosamente parecidos.[5] A situação se repete quando observamos os livros didáticos produzidos no país: sempre "mais do mesmo"...[6]

E isso tende a agravar-se. Já temos experiências de algumas importantes universidades que implantaram provas de filosofia em seus exames vestibulares; várias outras já anunciaram para os próximos anos a inclusão de provas de filosofia em seus concursos de ingresso de estudantes. Nos casos já em execução, o que temos visto? Uma inversão tão curiosa quanto – a meu ver – desastrosa: como não há um "currículo oficial" de filosofia no qual as universidades possam basear suas provas, é a universidade que define um programa para a prova que, em curto espaço de tempo, acaba se tornando o "currículo oficial" de filosofia, ao menos na região de abrangência daquela instituição.

Há uma tendência, portanto, de que aos poucos se cristalize um "currículo" de filosofia para o ensino médio, conforme as universidades incluam provas de filosofia em seus concursos vestibulares e na medida em que o programa de tais provas seja assimilado pelas escolas como aquilo que deve ser ensinado em filosofia. E o que temos visto é que as universidades, ao definirem os programas de filosofia para suas provas nos vestibulares, tendem a apresentar um panorama geral da história da filosofia, privilegiando temas voltados para a filosofia política e a ética (num esforço para definir aqueles "conteúdos necessários ao exercício da cidadania"), adotando alguns autores referenciais que, em geral, são os clássicos antigos e modernos e, dentre os contemporâneos, aqueles filósofos que são objeto de estudo dos professores daquela instituição.

---

5. Ver, por exemplo, Fávero *et al.* 2004.
6. Voltaremos ao tema dos livros didáticos de filosofia no próximo capítulo, "Recursos didáticos na aula de filosofia".

Podemos dizer, pois, que esses conteúdos acabam se constituindo como que num "compêndio de história da filosofia".

Impossível não nos lembrarmos, aqui, da crítica que Nietzsche empreendeu ao ensino de filosofia na Alemanha de seu tempo, tanto na educação média quanto nas universidades: na medida em que o Estado já não necessitava da filosofia para legitimar-se, tratava-se, a seu ver, de manter as disciplinas filosóficas negligentemente, apenas como aparência, sem maior compromisso. E mais: essa negligência em relação ao ensino de filosofia não significaria, segundo o filósofo alemão, mais do que uma forma velada, mas efetiva, de promover o *desprezo* pela filosofia. E como isso se dava? Pela reprodução! Segundo Nietzsche, um ensino de filosofia que não tratava da vida, mas de um pensamento deslocado da vida; um ensino de filosofia voltado a fazer com que os alunos decorassem sistemas de filosofia para responder a uma prova (qualquer semelhança como nossos vestibulares pode *não* ser mera coincidência!), esquecendo-se de tudo em seguida... Retomo apenas um pequeno trecho de uma interessante passagem de *Schopenhauer como educador*:

> Devem eles [*nossos jovens*] porventura aprender a odiar e desprezar a filosofia? E se ficaria quase tentado a pensar nessa alternativa, quando se sabe como, por ocasião de seus exames de filosofia, os estudantes têm de se martirizar, para imprimir nos seus pobres cérebros as idéias mais loucas e mais impertinentes do espírito humano junto com as mais grandiosas e as mais difíceis de captar (...). E agora, que se imagine uma mente juvenil, sem muita experiência de vida, em que são encerrados confusamente cinquenta sistemas reduzidos a fórmulas e cinquenta críticas destes sistemas – que desordem, que barbárie, que escárnio quando se trata da educação para a filosofia! (Nietzsche 2003, pp. 212-213)

As críticas de Nietzsche ao seu tempo falam por si só. A nós, cabe-nos pensar nosso próprio tempo e, quem sabe, encontrar hoje e aqui os ecos da crítica nietzschiana. A meu ver, penso que ela nos diz algo, alerta para uma armadilha na qual, talvez, estejamos prestes a cair. Afirmar certo ensino de filosofia pode ser o manto com o qual se recobre um verdadeiro desprezo pela filosofia.

Assim, em nosso caso, embora tenhamos uma profícua abertura para a diversidade (possibilitada pela ausência de um "currículo oficial" para a filosofia no ensino médio e por uma definição excessivamente geral da LDBEN, que acabou não se materializando), ela tende a reduzir-se cada vez mais, em torno de uma repetição de assuntos e de autores. Precisamente aquilo que venho denominando, aqui, de um "retorno ao mesmo", que facilita e promove a repetição, tirando a potencialidade criativa da filosofia e de seu ensino.

Professor de filosofia: Um mestre ignorante?

Em que pese a imagem do professor de filosofia como reprodutor, como promotor de um eterno retorno ao mesmo, que repete e se repete, levando-nos a um contexto social de desprezo pela filosofia, teríamos possibilidades de quebrar esse ciclo de repetição?

Como já vimos, Stéphane Douailler fez, numa conferência proferida em novembro de 2000, como abertura a um congresso de professores de filosofia, um interessante exercício de pensar o processo filosófico – e também seu ensino – como sendo sempre um *começo*. Nessa perspectiva, quebra-se o eterno retorno ao mesmo, na medida em que a atividade filosófica se constitui, sempre e necessariamente, num começar, num recomeçar. Não importa se revisitamos um filósofo, essa visita é mais um começo, uma vez que é *nossa* visita, e que seu pensamento se renova como *nosso* pensamento.

Para que tal começo seja possível, o professor de filosofia não pode ser o "sabe-tudo", o comentador de sistemas, o preservador de conceitos. Ao contrário, deve ser, ele próprio, um "mestre ignorante", nos moldes propostos por Rancière. Douailler condensa suas ideias sobre o professor de filosofia em dez proposições, das quais destaco estas duas:

> 7) O mestre de filosofia deve ser duplamente ignorante. Deve, em primeiro lugar, ignorar como a esfera privada, na qual sua ação faz irrupção e efração, pode se desdobrar e tornar-se diferente de si mesma, isto é, começar por sua própria conta a operação de um segundo nascimento.

8) O mestre de filosofia, para efetuar essa operação, deve, por isso, ignorar, ele mesmo, algumas coisas, isto é, dar o exemplo – o seu e o de todos os filósofos que estiveram às voltas com uma grande ignorância – de uma ausência de saber que possui a força de pôr fora do mundo no qual se está para se pôr a começar alguma coisa. (2003, pp. 29-30)

Assim, no reino da sabedoria, ficamos condenados a reproduzir, a repetir os conceitos já pensados, como "papagaios de pirata", sem conseguirmos fazer o movimento da criação, o movimento do pensamento. E se não fazemos o movimento do pensamento, tampouco fazemos o movimento do ensino. Quando muito, expomos sistemas que, como afirmou Nietzsche, serão a duras penas decorados pelos estudantes para serem esquecidos em seguida, logo após o exame. É preciso que descubramos em nós mesmos a ignorância, pois ela é condição desse começo para nós – como professores de filosofia – e, em consequência, é também condição de que possa haver um começo para os estudantes.

Apenas na ignorância, mergulhando nela para poder superá-la, temos condições de romper com o círculo vicioso do eterno retorno ao mesmo, no ensino de filosofia.

A noção de "mestre ignorante" Douailler buscou num belo livro de Jacques Rancière, já citado aqui, que tem esse mesmo título: *O mestre ignorante: Cinco lições sobre a emancipação intelectual*, no qual apresenta a tese de que a emancipação daquele que aprende só é possível a partir da ignorância daquele que ensina. Mesmo com sua crítica ao que denomina uma "pedagogização da sociedade", o filósofo não prescinde do professor; o mestre é visto como um mediador necessário, sem o qual o estudante jamais aprenderá. Rancière evidencia os efeitos sociais do modelo explicativo que critica:

> Com efeito, sabemos que a explicação não é apenas o instrumento embrutecedor dos pedagogos, mas o próprio laço da ordem social. Quem diz ordem, diz hierarquização. A hierarquização supõe explicação, ficção distributiva, justificadora, de uma desigualdade que não tem outra explicação, senão sua própria existência. O quotidiano do trabalho

explicador não é mais do que a menor expressão de uma explicação dominante, que caracteriza uma sociedade. Modificando a forma e os limites dos impérios, guerras e revoluções mudam a natureza das explicações dominantes. (2002, pp. 162-163)

E, mais adiante, continua:

Somente o acaso é forte o suficiente para derrubar a crença instituída, encarnada, na desigualdade (...). A tarefa à qual as capacidades e os corações republicanos se consagram é construir uma sociedade igual com homens desiguais, *reduzir* indefinidamente a desigualdade. Porém, quem tomou esse partido só tem um meio de levá-lo a termo: a pedagogização integral da sociedade, isto é, a infantilização generalizada dos indivíduos que a compõem. Mais tarde, chamar-se-á a isso *formação contínua* – co-extensividade entre a instituição explicadora e a sociedade. A sociedade dos inferiores superiores será *igual*, ela *reduzirá* suas desigualdades, quando se houver transformado inteiramente em uma sociedade de explicadores explicados. (*Idem*, pp. 182-183)

A alternativa a tal pedagogização à qual, queiramos ou não, assistimos de forma cada vez mais intensa, só pode ser a da emancipação. E a emancipação ocorre quando o estudante consegue, dominando suas próprias ferramentas, aprender para além do mestre, apesar do mestre.

Nos termos que temos usado neste livro, o modelo da explicação corresponde ao retorno ao mesmo: a repetição *ad infinitum* das mesmas formas, dos mesmos conceitos, que são explicados, aprendidos, sem que nada de novo se produza, sem que, de fato, mestre e aluno possam tornar-se iguais, pois um permanecerá sendo o que explica, e outro o que assimila a explicação. Mas se o professor de filosofia entra na pele do "mestre ignorante", como sugeriu Douailler, então já não se trata de explicar, repetir. Trata-se de fazer o movimento, de promover um novo começo, de instaurar a filosofia como processo, como construção. Nesse contexto, o professor de filosofia é um emancipador, alguém que, como Prometeu, leva o fogo aos homens tornando-os criativos, em lugar de mantê-los reféns dos deuses. Mas, para isso, é preciso que o professor de filosofia possa fazer o exercício do "esquecimento de si mesmo".[7]

Professor de filosofia: As metamorfoses de Nietzsche

A pergunta que permanece, pois, é: como fazer esse movimento de um (re)começo? Como formar o futuro professor de filosofia, senão pela explicação? E, nesse caso, como lhe possibilitar as armas para libertar-se do jugo/jogo da explicação/repetição? Em outras palavras, como fazer-nos a nós, professores de filosofia, mestres ignorantes? E como fazer dos futuros professores de filosofia também mestres ignorantes, dispostos a promover novos começos?

Uma vez mais recorro a Nietzsche. É bastante conhecida a parábola das três metamorfoses do espírito, que ele apresenta logo no início de *Assim falava Zaratustra*: o espírito transforma-se em camelo, aquele disposto a carregar todo o peso do dever; mas o camelo transforma-se em leão, que tem a coragem de dizer *não* ao dever e instaurar sua própria liberdade; por fim, o leão precisa transformar-se em criança, o único ser que, do interior de sua inocência e de seu esquecimento (poderíamos dizer ignorância?) é capaz de dizer *sim*.

Precisamos, assim, investir no devir-criança do professor de filosofia. Em seu processo de formação, a princípio, o professor de filosofia é visto como o camelo: aquele capaz de tudo carregar, de aceitar o peso do dever, de aceitar o "peso da sabedoria". O professor-camelo é aquele que tudo sabe, que tudo explica, que a ninguém emancipa, nem a si mesmo. Mas ele pode ir para o deserto, enfrentar seu próprio deserto, e fazer-se leão. O professor-leão é aquele que tem a coragem de dizer *não*, para negar o instituído e as instituições, para afirmar sua própria liberdade. Mas aonde isso leva? A potência do leão só faz sentido se a negação levá-lo ao

---

7. Vê-se que a posição defendida por Douailler é análoga àquela de Michel Onfray que apresentamos no Prólogo: o professor de filosofia é feito para desaparecer.

devir-criança. O professor-criança é o mestre ignorante, aquele que pode instaurar um sempre novo começo, fazendo da filosofia uma experiência viva, criativa.

Escreveu Nietzsche (1998a, p. 30):

> A criança é inocência e esquecimento, um começar de novo, um jogo, uma roda que gira por si própria, um primeiro movimento, um sagrado dizer que sim.
> Sim, meus irmãos, para o jogo da criação é preciso um sagrado dizer que sim; agora o espírito quer o *seu próprio* querer, aquele que se perdera para o mundo conquista o *seu próprio* mundo.

Penso ser esse um dos principais desafios que se colocam hoje para as atividades de Prática de Ensino de Filosofia, para a produção em torno de didáticas da filosofia. Precisamos escapar das malhas do método da explicação, que nos leva a sermos reprodutores, assim como nos leva a formar professores de filosofia também reprodutores do mesmo, mantendo esse círculo vicioso que nada transforma, que apenas ensina, quem sabe, aquilo que o mesmo Nietzsche chamou de "desprezo pela filosofia".

De camelos que somos, de explicadores que somos, precisamos da coragem do leão para negar isso tudo, para dizer: Não! Basta! Chega de explicação! Porém, mais ainda do que isso, precisamos da inocência e do esquecimento da criança. Precisamos nos tornar crianças, se quisermos ser vetores de um novo começo.

Precisamos ser mestres ignorantes, a nos emanciparmos e a propiciar a emancipação de nossos alunos; assim formaremos novos mestres ignorantes, que por sua vez serão também vetores de novos começos. Mestres ignorantes, precisamos ter a coragem de nos abrir à superação e ao esquecimento, para além de todo e qualquer jogo narcísico. Só a esse preço podemos jogar o jogo da emancipação, o único jogo que torna a filosofia possível. O único jogo que pode, de novo, fazer a filosofia possível entre nós.

6. Recursos didáticos na aula de filosofia

Na direção de tudo aquilo que viemos trabalhando ao longo deste livro, uma questão se impõe: que recursos utilizar na aula de filosofia? Como lidar com eles? Como fazer dos recursos didáticos instrumentos para um ensino de filosofia que seja um convite ao pensamento?

Encontramos uma pista interessante e provocativa em Deleuze, quando ele comenta a forma de Bob Dylan compor uma canção e afirma que gostaria de dar uma aula dessa forma, mais como produtor, agenciador de elementos, do que criador:

> Professor, gostaria de conseguir dar uma aula como Dylan organiza uma canção, surpreendente produtor, mais que autor. E que comece como ele, de repente, com sua máscara de palhaço, com uma arte de cada detalhe arranjado e, no entanto, improvisado. O contrário de um plagiador, mas também o contrário de um mestre ou de um modelo. Uma preparação bem longa, mas nada de método nem de regras ou receitas (...). Ter um saco onde coloco tudo o que encontro, com a condição de que me coloquem também em um saco. Achar, encontrar, roubar, ao invés de regular, reconhecer e julgar. (Deleuze e Parnet 1998, p. 16)

O professor de filosofia que busca ensinar como um convite à experiência filosófica do pensamento conceitual faz uma atividade dessa natureza: vai "colecionando" elementos os mais diversos, que poderá utilizar como estratégia de sensibilização dos alunos, textos de filósofos que poderá utilizar numa investigação na história da filosofia, em busca de elementos para a conceituação. Ao longo do tempo, colocando coisas em seu "saco", o professor vai criando todo um arsenal de recursos didáticos, que serão usados na medida da necessidade, no trabalho concreto com cada turma diferente de estudantes.

Nesse registro do ensino de filosofia, nunca se sabe de antemão quando se usará um certo instrumento, que tipo de instrumento será adequado para uma determinada situação, para atender às demandas específicas que vêm de situações específicas. Por isso, uma disposição importante para o professor é a capacidade de manter a atenção, aprimorar a capacidade de ler, nos acontecimentos cotidianos da sala de aula, a oportunidade para usar este ou aquele recurso, fazendo valer sua proposta de trabalho filosófico.

Nesse "arsenal" de recursos didáticos no contexto da escola básica, há, claro, um que se destaca, sendo então importante que nos detenhamos um pouco nele. Trata-se do livro didático. É um recurso tão importante e tão presente que o Programa Nacional do Livro Didático, do Ministério da Educação, selecionou em 2011 três livros didáticos de filosofia que serão distribuídos a todas as escolas de ensino médio do país, segundo sua opção. É um recurso que estará disponível para professores e alunos, em qualquer lugar do país, e a questão, então é o que fazer com eles.

O livro didático de filosofia

Desde a década de 1980, com o retorno parcial da filosofia aos currículos do ensino médio, então na condição de disciplina optativa, foram sendo publicados livros didáticos para seu ensino. A princípio de modo mais tímido, depois de forma mais arrojada, as editoras foram se preocupando com esse "filão" do mercado editorial. De modo que hoje temos, seguramente, mais de 20 "manuais" preparados para o ensino de filosofia no nível médio.

Entre 2006 e 2008, um professor de filosofia e doutorando na Faculdade de Educação da Unicamp, realizando uma pesquisa sobre ensino de filosofia sob minha orientação, desenvolveu um mapeamento dos livros então disponíveis no mercado editorial brasileiro que se destinam a esse trabalho no nível médio. Ele chegou a mais de 30 títulos, dentre aqueles de produção brasileira e algumas poucas traduções de obras estrangeiras. Esse mapeamento foi realizado no contexto de uma pesquisa que eu então coordenava, com financiamento do CNPq, e cito e comento aqui alguns de seus dados principais no que diz respeito à questão dos livros didáticos.[1]

O pesquisador organizou os vários livros didáticos para filosofia em duas categorias: aqueles que tomam a história da filosofia como *centro* e aqueles que tomam a história da filosofia como *referencial*.[2] Em outras palavras, na primeira categoria temos livros que consideram a abordagem histórica no ensino de filosofia, ao passo que na segunda estão obras que privilegiam a abordagem temática nesse ensino. Como veremos, a produção brasileira está centrada majoritariamente na perspectiva temática, embora haja algumas organizadas segundo uma orientação histórica.

Com o objetivo de oferecer ao professor de filosofia um panorama da produção disponível nas livrarias e nas bibliotecas, apresentarei duas listas de livros, segundo as categorias citadas. Não trarei análises ou

---

1. O projeto intitulado "A filosofia no ensino médio brasileiro: Aspectos conceituais e didáticos; levantamento, catalogação e análise de fontes", contou com a participação dos pesquisadores Sílvio D.O. Gallo, Lídia M. Rodrigo e René J.T. Silveira, sob coordenação do primeiro, além de estudantes de iniciação científica, mestrandos e doutorandos. Foi desenvolvido entre 2006 e 2008, com financiamento do CNPq, na modalidade Edital de Ciências Humanas.
2. Duas observações importantes: o pesquisador desenvolveu esta categorização das obras a partir de um texto de Franklin Leopoldo e Silva, "História da filosofia: Centro ou referencial?", que pautou muitas das discussões sobre ensino de filosofia nas décadas de 1980 e 1990. Em segundo lugar, é importante destacar que em sua pesquisa o livro didático foi tomado em sentido bem amplo; assim, aparecem na lista tanto livros que foram produzidos especificamente para uso em sala de aula, como livros escritos para cumprirem uma função de divulgação mais ampla dos saberes filosóficos.

comentários sobre os livros, muito menos uma avaliação de sua qualidade ou pertinência, uma vez que não há espaço aqui para isso, nem é esse o propósito. Trata-se apenas de explicitar para os professores a diversidade de recursos de que já dispomos, no tocante aos livros didáticos. Não é um levantamento abrangente e que pretenda esgotar a questão, nem se trata de um levantamento que tenha sido atualizado; mas penso que possa ser de alguma utilidade.

a) Livros organizados segundo uma perspectiva histórica da filosofia:
- *Vivendo a filosofia*, de Gabriel Chalita, Editora Atual.
- *Aprendendo filosofia*, de César Aparecido Nunes, Papirus Editora.
- *Introdução ao estudo da filosofia*, de Antônio Xavier Teles, Editora Ática.
- *Filosofia*, de Antônio Joaquim Severino, Editora Cortez.
- *Pensando para viver: Alguns caminhos da filosofia*, de Mauri Luiz Heerdt, Editora Sophos.
- *História da filosofia*, de Bryan Magee, Ed. Loyola (tradução).
- *Livro completo da filosofia: Entenda os conceitos básicos dos grandes pensadores: de Sócrates a Sartre*, de James Mannion, Editora Madras (tradução).

Os dois últimos livros, traduções de obras originariamente publicadas em inglês (Magee é inglês e Mannion é norte-americano), não são propriamente livros didáticos, no sentido de terem sido produzidos para uso específico em sala de aula. São textos que se voltam para a divulgação da filosofia ao grande público, na intenção de facilitar o acesso do "leitor comum" às grandes questões da filosofia e a seus principais autores ao longo da história. Na medida em que procuram "facilitar" o acesso à filosofia, podem servir ao professor como uma espécie de material de consulta e de apoio.

Os outros cinco livros foram escritos com intenções propriamente didáticas, isto é, para uso pelos professores em sala de aula. Nessas obras, há toda uma preocupação com a facilitação do acesso aos assuntos, mediante o uso de quadros explicativos, quadros sinóticos, explicitação de conceitos, propostas de atividades para os alunos, propostas ao professor sobre como trabalhar determinados assuntos, quadros cronológicos de filósofos e ideias, bem como sugestões de leituras complementares.

b) Livros organizados segundo uma perspectiva temática da filosofia:
- *Filosofando: Introdução à filosofia*, de Maria Lúcia de Arruda Aranha e Maria Helena Pires Martins, Editora Moderna.
- *Temas de filosofia*, também de Maria Lúcia de Arruda Aranha e Maria Helena Pires Martins, Editora Moderna.
- *Convite à filosofia*, de Marilena Chaui, Editora Ática.
- *Filosofia: Ensino médio*, de Marilena Chaui, Editora Ática.
- *Filosofia. Série Novo Ensino Médio*, de Marilena Chaui, Editora Ática.
- *Fundamentos da filosofia: História e grandes temas*, de Gilberto Cotrim, Editora Saraiva.
- *Introdução à filosofia: Aprendendo a pensar*, de Cipriano C. Luckesi e Elizete S. Passos, Editora Cortez.
- *Um outro olhar*, de Sonia Maria Ribeiro de Souza, Editora FTD.
- *Iniciação ao filosofar: Pensando melhor*, de Angélica Sátiro e Ana Miriam Wuensch, Editora Saraiva.
- *Para filosofar*, de Cassiano Cordi, Antonio Raimundo dos Santos, Elizabeth Maria Bório *et al.*, Editora Scipione.
- *Filosofia: Iniciação à investigação filosófica*, de José Auri Cunha, Editora Atual.
- *Explicando a filosofia com arte*, de Charles Feitosa, Editora Ediouro.

- *Ética e cidadania: Caminhos da filosofia*, produzido pelo Grupo de Estudos sobre Ensino de Filosofia – Unimep (tendo como autores Sílvio Gallo, que coordenou a edição, mais Márcio Mariguela, Paulo Roberto Brancatti, Márcio Danelon, Luís Carlos Gonçalves e Carlos Henrique Cypriano), Papirus Editora.
- *Construindo ética e cidadania todos os dias: Reflexões sobre temas filosóficos, sociais, políticos, econômicos e históricos*, de Mauri Luiz Heerdt, Editora Sophos.
- *Eureka: Construindo cidadãos reflexivos*, de José Roberto Garcia e Valdecir da Conceição Veloso, Editora Sophos.
- *Começos de filosofia*, de Roberto Goto, Editora Alínea.
- *Filosofia para jovens: Uma iniciação à filosofia*, de Maria Luiza Silveira Teles, Editora Vozes.

Fica evidente que, dentre os livros didáticos disponíveis atualmente no mercado editorial brasileiro, há uma clara predominância daqueles que optam por uma abordagem temática. Para cada uma dessas obras, poderíamos destacar pontos fortes e pontos frágeis, mas não é esse nosso objetivo aqui. Destaco apenas que, se optarmos por uma abordagem problemática do ensino de filosofia, como foi apresentado e defendido ao longo deste livro, muitas dessas obras poderiam servir de apoio ao trabalho do professor, mas nenhuma delas daria conta, de modo exclusivo, de possibilitar tal trabalho.

Um destaque para uma obra diferenciada, lançada em 2009, depois da realização desse levantamento. Trata-se do livro *ABeCedário de criação filosófica*, organizado por Walter Omar Kohan e Ingrid Müller Xavier, publicado pela Autêntica. A proposta não é a de ser propriamente um livro didático, mas algo mais próximo daquilo que se propõe aqui: um conjunto de textos que são pretextos para que o professor promova, com os alunos, "experimentações no pensamento". São 33 textos curtos, escritos por diversos autores, brasileiros e latino-americanos, além de uma portuguesa e um italiano. Os textos baseiam-se em palavras do cotidiano, sem maior "tradição filosófica" e estão organizadas em ordem alfabética, ao modo de um abecedário. Vemos então se descortinarem palavras como "dedo", "cabelos", "torre", "ovo", "nó", apenas para citar algumas, com as quais se constroem textos que são um convite ao pensamento, um diálogo com a filosofia. Um belo ponto de trabalho em aulas de filosofia, que pode possibilitar numerosos pontos de chegada.

Compondo o arsenal...

Em uma abordagem problemática, os possíveis manuais para o ensino de filosofia não podem, de forma alguma, ser o principal material didático. Como tentei mostrar, aqueles que estão disponíveis no mercado editorial brasileiro ou são organizados em uma perspectiva histórica, ou em uma perspectiva temática. Nenhum deles está orientado para propiciar uma experiência conceitual, mas são uma proposta de transmissão daquilo que foi produzido no pensamento. No tipo de abordagem do ensino de filosofia aqui proposto, eles podem ser usados, no todo ou em parte, como apoio às atividades de sala de aula. Mas não devem ser o principal instrumento de trabalho do professor.

Na perspectiva de um ensino de filosofia como o que foi proposto neste livro, o professor precisa valer-se de textos dos próprios filósofos em traduções confiáveis, textos não filosóficos que permitam uma aproximação aos temas e problemas trabalhados, bem como outros materiais, como filmes, documentários, músicas, poesias, obras de arte, que permitam sensibilizar os estudantes para os problemas filosóficos a serem abordados.

Como na citação de Deleuze apresentada no início deste capítulo, sugiro que o professor vá colecionando itens, colocando em um "saco" os materiais que vai encontrando ao longo de seu trabalho e que pense poderão servir, em algum momento, para suas atividades em sala de aula. Assim, vai compondo, construindo seu "arsenal" de recursos didáticos, que serão usados segundo a necessidade e a conveniência. Quanto mais amplo, mais rico esse arsenal, melhor. E é algo que o professor nunca termina de fazer, pois vai acumulando possibilidades, experiências, itens diversos para uso.

No arsenal do professor de filosofia, cabem coisas das mais diversas naturezas. Por exemplo, para a etapa de sensibilização, podem ser coletados filmes, partes ou cenas de filmes, documentários, músicas, letras de músicas, poesias, crônicas, contos e outros textos literários, histórias em quadrinhos, imagens etc. Hoje, a internet é um repositório muito interessante. São inúmeros os vídeos, curtos ou não, que o professor pode encontrar e utilizar em suas aulas de filosofia, textos, músicas e outros materiais. Poderia apresentar aqui uma lista de sugestões, mas penso não ser esse o caso. No livro *Ética e cidadania: Caminhos da filosofia*, produzido pelo Grupo de Estudos sobre Ensino de Filosofia da Universidade Metodista de Piracicaba, coordenado por mim e publicado pela Papirus em 1997,[3] fazemos, a cada unidade temática, proposição de diversos materiais complementares para uso do professor. Aqui, penso ser mais importante indicar ao professor a necessidade de construir seu repertório, buscando nas mais diversas fontes os elementos, ao mesmo tempo que vai incorporando ao arsenal aquilo que encontra, seja por acaso, seja nas conversas com os colegas.

Para a etapa de investigação, é importante que o professor tenha em seu repertório textos dos próprios filósofos. Se insisto que um bom ensino de filosofia é aquele que propicia aos alunos uma experiência do pensamento conceitual, que tem como objetivo possibilitar que ele se oriente no pensamento, insisto também que a experiência própria com o pensamento conceitual só é possível no trato com os conceitos já criados. Dizendo de outro modo: uma aula que trabalhe muito bem a sensibilização dos alunos para um determinado tema pode render resultados muito interessantes e ser muito produtiva; se, porém, ela não levar ao contato com o conceito, não será uma aula de filosofia. E para um contato inicial com o conceito, precisamos ir aos textos dos filósofos, que são a materialização do movimento conceitual no pensamento.

---

3. O livro ganhou o prêmio Jabuti em 1998 de Melhor Livro Didático, e está atualmente em sua 20ª edição.

Sugiro duas fontes principais para acesso aos textos. Por um lado, os dois livros organizados por Danilo Marcondes já citados aqui: *Textos básicos de filosofia* e *Textos básicos de ética*. Por outro, dois volumes organizados por Vinícius de Figueiredo: *Seis filósofos na sala de aula* (Para ler: Platão; Maquiavel; Descartes; Voltaire; Kant; Sartre) e *Filósofos na sala de aula* – vol. 2 (Para ler: Os sofistas; Hobbes; Pascal; Marx; Nietzsche; Freud). Evidentemente, há muitas outras fontes, como as diversas edições da coleção Os Pensadores (Abril Cultural e depois Nova Cultural), entre outras; as citadas aqui, porém, oferecem recortes dos textos dos filósofos, de forma mais acessível (pelo tamanho do texto) ao estudante do ensino médio.

Muitas vezes os professores se preocupam se seus alunos têm condições de ler um texto filosófico, um texto clássico. O problema é que nós queremos, de antemão, que eles façam a leitura que nós mesmos fazemos, uma leitura de especialistas. E, reafirmo, não é esse o objetivo da filosofia no ensino médio. Precisamos é possibilitar a eles que leiam, acreditar em sua capacidade de ler e de pensar sobre o que leram. Uma vez mais, acho interessante lembrar Deleuze, quando afirma, em *Diálogos*, que precisaríamos quebrar a reverência que temos ao livro, tratando-o como a um CD: não se trata de compreender, mas de gostar ou não gostar. Um texto, como uma música, nos toca ou não nos toca, nos afeta positivamente ou negativamente. E o importante é que esse afetar provoque um pensamento.[4] Dizendo de outro modo: na aula de filosofia lemos um texto filosófico não para interpretá-lo ou entendê-lo, em sentido cartesiano, mas para que ele nos faça pensar. Pensar com ele, pensar contra ele, pensar apesar dele. Mas pensar, fundamentalmente pensar.

Permitam-me lembrar uma iniciativa interessante: uma obra publicada na França, infelizmente não traduzida aqui no Brasil. Uma artista plástica francesa, Jacqueline Duhême, amiga de Deleuze, decidiu tomar frases de Deleuze e com elas fazer um livro infantil. Escolheu então algumas frases, especialmente de *O que é a filosofia?* e *Diálogos*, e pintou uma imagem a partir de cada uma das ideias ali expressas. O resultado

---

4. Ver *Diálogos* (Deleuze e Parnet 1998, pp. 11-12).

foi o livro *L'oiseau philosophie: Duhême dessine Deleuze* (*O pássaro filosofia: Duhême desenha Deleuze*). A ideia subjacente ao livro é aquela expressa por Deleuze de que é necessária uma compreensão não filosófica da filosofia para que ela possa se constituir.[5] Sobre o livro, ele comentou:

> Este livro me agradou muito, especialmente porque vejo nele uma invenção maravilhosa na qual tanto mais quero me reconhecer quanto menos eu nela interfiro... A escolha dos textos que vocês fizeram, Martine Laffon e você [Jacqueline Duhême], parece-me muito bela: textos muito curtos e de aparência difícil, aos quais o desenho é capaz de conferir uma clareza rigorosa, na mesma medida que uma ternura. Não é para haver aí uma sequência lógica, mas uma coerência estética.[6]

É curioso observar a reação de um adulto escolarizado, principalmente se for um acadêmico, diante de uma frase como: "Pensar é sempre seguir uma linha de bruxa"; "Não é necessário ser sábio, saber ou conhecer este ou aquele domínio, mas aprender isso ou aquilo em domínios muito diferentes"; "Os conceitos são exatamente como os sons, as cores ou as imagens, são intensidades que lhe convêm ou não, que passam ou não passam"; "Temos grama na cabeça, não uma árvore...". Mas a reação da criança, que não reverencia o texto, é completamente diferente. Ainda mais quando as palavras são emolduradas por coloridas e sugestivas imagens. Texto e imagem, assim compostos, são um convite a pensar, a deixar as ideias fluírem.

É um pouco como a proposta do pequeno livro que, penso, o professor de filosofia pode compor para suas aulas: textos, fragmentos de textos de filósofos, ou ainda frases conceituais, emolduradas por imagens, músicas e sons, trechos de filmes, tudo isso compondo possibilidades de construção de um pensamento que possa tornar-se conceitual.

---

5. A esse respeito, ver *O que é a filosofia?* (Deleuze e Guattari 1992, p. 279).
6. Trecho de uma carta enviada por Deleuze a Jacqueline Duhême, citada por Martine Laffon no Prefácio de *L'Oiseau philosophie* (tradução nossa).

Enfim, nesse registro do ensino de filosofia há muitos recursos didáticos a serem utilizados e eles são importantes e constitutivos da prática do professor, mas nenhum deles deve ser transformado em modelo ou manual. Não há como definir de antemão as regras de uso, nem ditar como o professor deve se portar em seu manejo. O arsenal, o "saco de utilidades" é aquilo que o professor tem à mão para "compor" sua aula, a cada momento e segundo as circunstâncias.

Epílogo

Desde que existe filosofia, que se ri da filosofia. Não são poucos os casos na história e o anedotário filosófico não é pequeno. Mas será apenas riso que a filosofia provoca? Será a filosofia socialmente inócua? Ou corremos riscos quando nos colocamos a pensar? Em suma, em termos de educação: levamos nossos alunos para um local perigoso, quando os convidamos para nossa "oficina de conceitos"?

Deleuze e Guattari suspeitam que sim, pois afirmam que "pensar suscita a indiferença geral. E todavia não é falso dizer que é um exercício perigoso. É somente quando os perigos se tornam evidentes que a indiferença cessa, mas eles permanecem frequentemente escondidos, pouco perceptíveis, inerentes à empresa" (1992, p. 58). Nesse aspecto, a filosofia é duplamente perigosa, pois é um perigo do qual não se tem consciência, a não ser em condições especiais, quando ele se evidencia.

Por outro lado, também podemos dizer que a filosofia tem um potencial revolucionário, ou um "devir-revolução", ainda que esse tipo de afirmação pareça "fora de moda". Não são poucos os exemplos na história de filósofos reacionários e conservadores; no entanto, embora não sejam comumente os filósofos os dirigentes de um processo revolucionário, eles muitas vezes são o seu estopim, dado que a filosofia é imanente e que se constitui em diagnóstico do presente.

> A palavra utopia designa portanto esta conjunção da filosofia ou do conceito com o meio presente: filosofia política (embora talvez a utopia não seja a melhor palavra, em razão do sentido mutilado que a opinião lhe deu).
>
> Não é falso dizer que a revolução "é culpa dos filósofos" (embora não sejam os filósofos que a conduzem) (...). Como mostrava Kant, o conceito de revolução não está na maneira pela qual esta pode ser conduzida num campo social necessariamente relativo, mas no "entusiasmo" com o qual ela é pensada sobre um plano de imanência absoluto, como uma apresentação do infinito no aqui-agora, que não comporta nada de racional ou mesmo razoável. (Deleuze e Guattari 1992, pp. 130-131)

Não se ensina filosofia impunemente; não se aprende filosofia impunemente. A "oficina de conceitos" é um local perigoso, de onde podem brotar conceitos que sejam ferramentas para mudar o mundo.

Quando publicaram, ainda em 2000, a obra *Império*, Antonio Negri e Michael Hardt colocaram em epígrafe a seguinte frase de Ani di Franco, cantora e compositora norte-americana: "sabendo portá-la, toda ferramenta é uma arma". Os acontecimentos de setembro de 2001 nos Estados Unidos foram uma comprovação dramática disso. Para além desse conteúdo dramático, podemos afirmar que os conceitos, sendo ferramentas, também podem ser armas. E a "oficina de conceitos" pode tornar-se, também, um armorial. Daí que a filosofia não é inócua. Sendo os conceitos ferramentas, o ensino de filosofia pode ser uma arma. Cumpre a nós saber usá-la adequadamente.

Filosofia, paciência do conceito e resistência aos tempos hipermodernos

Como foi afirmado em vários momentos ao longo deste livro, a filosofia recusa a opinião e resiste ao caos, com ele convivendo e dele tirando suas possibilidades criativas, por meio do conceito. Deleuze e Guattari afirmam que os conceitos não são dados de antemão, mas criados pelo filósofo. Se os conceitos não estão prontos, sua criação demanda muita energia, tempo e dedicação. Os conceitos não são criados do nada, mas são frutos de um intenso trabalho do pensamento. Partindo de um problema que o afeta diretamente, o filósofo dialoga com a tradição filosófica e consigo mesmo, para que o conceito possa emergir. Isso exige certa reclusão, e imensa dose de paciência. Nietzsche identificou o filósofo como aquele ser que se esconde da fama e das farras, que, para além de seu cotidiano, procura pensar o ainda não pensado.

> Mas um espírito seguro de si mesmo fala baixo; busca o ocultamento, deixa que esperem por ele. Reconhece-se um filósofo no fato de evitar três coisas que brilham e fazem barulho: a fama, os príncipes e as mulheres – o que não quer dizer que elas não o procurem. Ele receia a luz demasiado clara: por isso se resguarda de seu tempo, e do "dia" desse tempo. Nisto é como uma sombra: mais o sol se põe, maior ele fica. (Nietzsche 1998b, p. 100)

Aprendemos, também com Nietzsche, que há como que uma "ecologia do conceito". Se Deleuze e Guattari afirmaram que "não há um céu para os conceitos", que eles não estão dados de antemão, mas são criados a partir de situações concretas, de problemas que os ensejam, o filósofo alemão nos ensina que os conceitos estão sempre em relação uns com outros. Há zonas de proximidade, há tangenciamentos, há *transversalização* entre conceitos, que fazem surgir conceitos novos. Há, pois, famílias de conceitos, graus de parentesco e mesmo hibridização, mestiçagem, quando conceitos de famílias distintas são articulados em um novo conceito. Vejamos a observação de Nietzsche em *Além do bem e do mal*:

> Os conceitos filosóficos individuais não são algo fortuito e que se desenvolve por si, mas crescem em relação e em parentesco um com o outro; embora surjam de modo aparentemente repentino e arbitrário na história do pensamento, não deixam de pertencer a um sistema, assim como os membros da fauna de uma região terrestre – tudo isso se confirma também pelo fato de os mais diversos filósofos preencherem repetidamente

um certo esquema básico de filosofias possíveis. À mercê de um encanto invisível, tornam a descrever sempre a mesma órbita: embora se sintam independentes uns dos outros, com sua vontade crítica ou sistemática, algo neles os conduz, alguma coisa os impele numa ordem definida, um após o outro – precisamente aquela sistemática e relação inata entre os conceitos. (1992, pp. 25-26)

Por conta dessa necessária reclusão em relação ao seu tempo, ao cotidiano da opinião que paralisa o pensamento, por conta dessa necessária relação com os conceitos já criados, é que se exige do filósofo uma imensa dose de paciência. Por isso Deleuze e Guattari (1992, p. 41) afirmaram que o filósofo tem horror a discussões. De forma geral, as discussões estão muito mais para o âmbito das opiniões, para o fluxo acelerado e para a infinidade dos "eu acho...", "eu acho...", "eu acho..." do que para o conceito e sua elaboração criativa. Para além dos filósofos franceses, porém, podemos ver na própria discussão um exercício de paciência. Se nos for possível discutir pacientemente, podemos ter a chance de garimpar gemas que permitam a criação de conceitos interessantes. Se a discussão por si mesma não cria o conceito – certamente está longe disso –, em contrapartida pode nos dar elementos para tal, se nos permitirmos a paciência do garimpo.

Não se faz filosofia sem a "paciência do conceito". E tal paciência, nem é preciso argumentar, não é exercitada em nossos "tempos hipermodernos", que caracterizamos no início deste livro. Ao contrário, somos levados – em todas as áreas e também na educação – a buscar a rapidez, os fluxos acelerados. A fluidez das opiniões está bem de acordo com nosso tempo; mas a paciência do conceito não. A paciência do conceito implica uma recusa a este tempo, num exercício de extemporaneidade, de resistência, de produção da diferença.

A resistência, porém, não pode ser ingênua. Não se trata de negar aquilo que vivemos, aquilo que nos foi dado viver. A resistência brota, justamente, de uma vívida percepção deste tempo e das armadilhas que ele nos coloca. E só podemos vencê-lo, desarmar as armadilhas, se o conhecermos de perto. A recusa deste tempo, portanto, passa por um necessário conhecimento de seus mecanismos. O exercício filosófico nos tempos hipermodernos, o exercício da paciência do conceito é, assim, um duplo exercício: a vivência dos fluxos acelerados, a vivência das satisfações imediatas para, de dentro desses mesmos fluxos, exercitar a paciência do conceito, a recusa à aceleração, a resistência à opinião, a vida do pensamento.

Filosofia na escola: Desafios

Como já afirmei no início, a presença da filosofia na escola está longe de ser um empreendimento tranquilo. Muitos são os obstáculos a serem superados para que essa presença seja possível; e estamos falando da presença de uma filosofia viva, produtiva e criativa, não um arremedo de almanaque, algo como "tudo o que você precisa saber sobre filosofia"...

Para enfrentar as dificuldades do ensino de filosofia como uma atividade viva e criativa, perante a situação concreta de nossas escolas, coloco três desafios que, para mim, se apresentam como fundamentais e que espero possam ser importantes e interessantes – e, portanto, potenciais geradores de novos conceitos.

O primeiro deles é tomar a filosofia – assim como a ciência e a arte – como uma luta contra a opinião. Deleuze e Guattari colocam que temos vivido mergulhados na opinião, a qual se apresenta como a única forma de vencer o caos, pois nos apavora e angustia ver nosso pensamento escapar de si mesmo, nossas ideias se perderem no vazio. A opinião, no entanto, não vence o caos, mas foge dele, como se essa fuga fosse possível. E assim se consolida, num jogo de esquecimento do caos, como se vivêssemos todos felizes, por não saber – ou não querer saber – de sua existência, uma vez que construímos um mundinho perfeito, onde tudo tem seu lugar. Daí a importância que adquirem em nossa sociedade, nos mais distintos níveis, os chamados "formadores de opinião"; são eles os artífices dessa droga que se distribui tanto quanto o bom-senso (com o perdão do trocadilho com Descartes...) e nos aprisiona nesse jogo. Mas isso é viver de aparências, como já denunciava Platão há quase 2.500 anos.

Deleuze e Guattari reagem a esse conformismo, tomando a filosofia, a arte e a ciência como diferentes modos de rasgar o caos, atravessá-lo e nos ensinar a conviver com ele, num movimento de recusa à opinião generalizante e paralisante da criação. Escreveram eles:

> Mas a arte, a ciência, a filosofia exigem mais: traçam planos sobre o caos. Essas três disciplinas não são como as religiões, que invocam dinastias de deuses, ou a epifania de um deus único, para pintar sobre o guarda-sol um firmamento, como as figuras de uma Urdoxa de onde derivariam nossas opiniões. A filosofia, a ciência e a arte querem que rasguemos o firmamento e que mergulhemos no caos. Só o venceremos a esse preço. Atravessei três vezes o Aqueronte como vencedor. O filósofo, o cientista, o artista parecem retornar do país dos mortos. (1992, p. 260)

Ir ao mundo dos mortos e voltar, com novos elementos criativos: eis o que pode nos proporcionar a filosofia, como a arte e a ciência. Nossas aulas de filosofia, portanto, devem ser visitas ao mundo dos mortos, devem ser exercícios de mergulho no caos, para dele trazer novas potencialidades. Devem ser, enfim, um *exercício de recusa da opinião*.

O segundo desafio é o do diálogo da filosofia com os outros saberes, diálogo esse que também precisa ser produtivo. Penso que ele deva se dar por intermédio da *transversalidade*. Parece-me que os currículos escolares e acadêmicos devem cada vez mais abandonar a perspectiva disciplinar, que se encontra em crise como modelo de produção/socialização de saberes, em direção a currículos não disciplinares.

Exercitando a criação conceitual como apropriação, tenho me apropriado do conceito de transversalidade, caro à filosofia francesa contemporânea, sobretudo a Foucault e a Deleuze, para propor um currículo no qual o trânsito entre os saberes em sua produção/ socialização/ assimilação ocorra de forma transversal. Parece-me importante destacar que o conceito de transversalidade, criado por Guattari ainda em meados dos anos 1960, implica uma postura radicalmente não hierárquica. Tratando de buscar uma perspectiva social e libertária de terapia que pudesse fazer frente às posturas burguesas da psicanálise – naquele momento a análise institucional –, Guattari confrontou o conceito de *transversalidade* com o conceito de *transferência*, fundamental na psicanálise. Neste último, a relação entre analista e analisando é extremamente hierárquica; na perspectiva de Guattari, a transversalidade possibilitaria o atravessamento não hierárquico das relações entre os vários analisandos entre si e destes com os analistas, criando um coletivo terapêutico em que todos são igualmente importantes.

O conceito, para Deleuze e Guattari, é uma espécie de abertura, que procede sempre por conexão, o que faz com que a filosofia esteja sempre em relação com outras áreas de saber:

> O conceito não é paradigmático, mas *sintagmático*; não é projetivo, mas *conectivo*; não é hierárquico, mas *vicinal*; não é referente, mas *consistente*. É forçoso, daí, que a filosofia, a ciência e a arte não se organizem mais como os níveis de uma mesma projeção e, mesmo, que não se diferenciem a partir de uma matriz comum, mas se coloquem ou se reconstituam imediatamente numa independência respectiva, uma divisão do trabalho que suscita entre elas relações de conexão. (1992, pp. 119-120)

Assim, a transversalidade é uma característica intrínseca da filosofia, uma vez que o conceito é sintagmático, conectivo, vicinal, consistente, o que faz dele necessariamente um empreendimento de abertura e de relação. A filosofia não se fecha em si mesma, ensimesmada, mas abre-se sempre a outrem, busca a relação.

É isso o que entendo por transversalidade da filosofia; essa conexão com outros saberes, com outras áreas. Na Antiguidade, a filosofia relacionava-se com o mito e com a religião, embora se constituísse em oposição a eles; mas, mesmo para contrapô-los, ela se conectava a eles. Em nossos dias, com a profusão de saberes, muitos deles originados da própria filosofia, ela não pode fazer-se de rogada. Não se cria conceito hoje, não se produz filosofia, sem o recurso da conexão com as artes e as ciências. Embora sejam distintas e independentes, elas se retroalimentam e se fecundam.

Essa afirmação, porém, não deve nos levar à afirmação positivista de que é tarefa da filosofia a promoção da interdisciplinaridade, realizar a síntese dos conhecimentos científicos, uma vez que ela própria não tem condições de produzir conhecimentos verdadeiros. Em termos de educação, isso pode ser desastroso para a filosofia, por se esperar que ela e somente ela possa ser capaz de promover, na escola, a interdisciplinaridade. O que é, no mínimo, uma desfaçatez.

É necessário salientar que essa noção de transversalidade em nada se aproxima daquilo que os documentos de política educacional produzidos pelo Ministério da Educação na década de 1990 chamaram de "temas transversais"; estes nada mais são do que formas de se tentar colocar em prática a interdisciplinaridade, o que, de fato, não rompe com o currículo disciplinar. Assim, esses temas transversais mantêm e reforçam a hierarquia dos currículos, ao passo que uma visão transversal deles romperia com essa hierarquização, possibilitando a emergência de novos saberes e novas práticas.

Na perspectiva da transversalidade, a filosofia no ensino médio deve atravessar as demais áreas de conhecimento e também ser atravessada por elas, a fim de possibilitar uma perspectiva da complexidade dos saberes e de alimentar de forma crítica e criativa o processo de produção de conceitos.

O terceiro desafio é que a questão do ensino de filosofia deve ser tratada filosoficamente; Deleuze e Guattari falam numa "pedagogia do conceito": devemos aprender a trabalhar com o conceito, devemos ser aprendizes e artesãos no ofício filosófico. Na obra com a qual tenho trabalhado aqui, eles afirmaram que:

> se as três idades do conceito são a enciclopédia, a pedagogia e a formação profissional comercial, só a segunda pode nos impedir de cair, dos picos do primeiro, no desastre absoluto do terceiro, desastre absoluto para o

pensamento, quaisquer que sejam, bem entendido, os benefícios sociais, do ponto de vista do capitalismo universal. (1992, p. 21)

Ora, somos nós, professores de filosofia, que temos como questão vital o ensino do saber filosófico, atores privilegiados para garantir essa *pedagogia do conceito*. Penso que, aqui, reunimos elementos para banir o antigo preconceito que estabelece a dicotomia entre o "professor de filosofia" e o "filósofo", que vê este último como o pensador – o produtor de conceitos, em nossa perspectiva – enquanto ao primeiro caberia apenas ensinar, transmitir; reproduzir, numa palavra. O filósofo seria criativo, enquanto ao professor de filosofia restaria o papel de um papagaio repetidor – de conceitos, teorias etc.

No âmbito dessa dicotomia, resta ao "filósofo" a produção enciclopédica, descolada e deslocada da vida, ou a submissão absoluta à vida como mercado, quando se transforma em "filósofo profissional". E hoje temos muitas possibilidades para esse profissional: a "terapia" filosófica, conhecida nos Estados Unidos e na Europa como aconselhamento filosófico e no Brasil como "filosofia clínica" – haveria algo mais próximo ao mercado em nosso mundo de hoje? –; a assessoria a empresas; o próprio "ensino" da filosofia, quando se faz como reprodução de manuais e metodologias pré-fabricadas, sobretudo em escolas privadas, que se utilizam da filosofia como "arma de *marketing*". Isso para ficar apenas em alguns exemplos mais evidentes.

Mas, se optamos pelo desafio da pedagogia do conceito, trata-se de revitalizar a filosofia, de tomá-la como empreendimento vivo e dinâmico, sempre criada e recriada. Essa postura nos leva para longe da filosofia como enciclopédia, acessível apenas aos iniciados, e também para longe da filosofia como ícone de mercado, pretensamente acessível a todos, ao menos como pastiche. E, como afirmei acima, quem melhor que o professor de filosofia para cuidar da pedagogia do conceito? Encontramos, assim, que o "filósofo" – produtor – e o "professor de filosofia" – transmissor – tornam-se uma mesma pessoa.

Concluindo esses desafios, quero ressaltar uma última vez que, para além de um enciclopedismo pedante e paralisante, ademais de não criativo, e para além de tomar a filosofia como mero instrumento de uma profissionalização para o "mercado", esse ícone de nosso tempo, retomemos a pedagogia do conceito afirmando, uma vez mais: o ensino de filosofia será filosófico, ou não o será de forma alguma.

Referências dos textos do autor já publicados que serviram de base (total ou parcialmente) para este livro

"O problema e o conceito: Em torno de um 'método regressivo' para o ensino de Filosofia". *In: Da filosofia como disciplina: Desafios e perspectivas*. São Paulo: Loyola, 2011, pp. 67-95.

"Filosofia na educação básica e a formação do professor". *In: Trajetórias e processos de ensinar e aprender: Práticas e didáticas*. Porto Alegre: Ed. da PUC-RS, 2008, v. 2, pp. 636-645.

"O problema e a experiência do pensamento: implicações para o ensino da filosofia". *In: Filosofia, aprendizagem, experiência*. Belo Horizonte: Autêntica, 2008, pp. 115-130.

"Para além da explicação: O professor e o aprendizado ativo da filosofia". *In: Filosofia, formação docente e cidadania*. Ijuí: Ed. da Unijuí, 2008, pp. 167-180.

"A filosofia e seu ensino: Conceito e transversalidade". *In: Filosofia no ensino médio: Temas, problemas e propostas*. São Paulo: Loyola, 2007, pp. 15-36.

"Filosofía y educación. Pensamiento y experiencia". *In: Teoría y práctica en filosofía con niños y jóvenes*. Buenos Aires: Novedades Educativas, 2006, pp. 67-74.

"Filosofia na educação básica: Uma propedêutica à paciência do conceito". *In: Filosofia e ensino: A filosofia na escola*. Ijuí: Ed. da Unijuí, 2005, pp. 389-401.

"Formação do professor de filosofia e as três metamorfoses de Nietzsche". *In*: *Filosofia e educação: Confluências*. Santa Maria: Facos-UFSM, 2005, pp. 137-146.

"O ensino de filosofia no contexto de uma educação menor". *In*: *Filosofia e ensino: Possibilidades e desafios*. Ijuí: Ed. da Unijuí, 2003, pp. 23-33.

"A especificidade do ensino de filosofia: Em torno dos conceitos". *In*: *Filosofia e ensino em debate*. Ijuí: Ed. da Unijuí, 2002, pp. 193-210.

"Filosofia no ensino médio: Em busca de um mapa conceitual". *In*: *Um olhar sobre o ensino de filosofia*. Ijuí: Ed. da Unijuí, 2002, pp. 189-208.

Referências bibliográficas

ALVES, Dalton José (2002). *A filosofia no ensino médio: Ambiguidades e contradições da LDB*. Campinas: Autores Associados.

ARISTÓTELES (1984). *Ética a Nicômaco*. 3ª ed. São Paulo: Abril Cultural. (Col. Os Pensadores, vol. II)

_____ (2001). *"Da geração e da corrupção" seguido de "Convite à filosofia"*. São Paulo: Landy.

BOUTANG, Pierre-André (2004). *L'abécédaire de Gilles Deleuze* (3 DVDs). Paris: Les Éditions Montparnasse.

BRASIL-MEC/CNE (2001). *Parecer CNE/CES 492/2001 – Diretrizes Curriculares Nacionais dos cursos de Filosofia, História, Geografia, Serviço Social, Comunicação Social, Ciências Sociais, Letras, Biblioteconomia, Arquivologia e Museologia*. Disponível em: www.mec.gov.br.

BRASIL-MEC/SEB (2006). *Orientações Curriculares para o Ensino Médio – Ciências Humanas e suas Tecnologias* (vol. 3). Brasília: Ministério da Educação/Secretaria de Educação Básica.

BRASIL-MEC/SEMT (1999). *Parâmetros Curriculares Nacionais para o Ensino Médio – Ciências Humanas e suas Tecnologias*. Brasília: Ministério da Educação/Secretaria de Educação Média e Tecnológica.

_____ (2002). *PCN+ – Orientações Educacionais Complementares aos Parâmetros Curriculares Nacionais* – Ciências Humanas e suas Tecnologias. Brasília: Ministério da Educação/Secretaria de Educação Média e Tecnológica.

CERLETTI, Alejandro e KOHAN, Walter (1999). *A filosofia no ensino médio*. Brasília: Ed. da UnB.

COMENIUS (1985). *Didáctica Magna*. 3ª ed. Lisboa: Fundação Calouste Gulbenkian.

COMTE-SPONVILLE, André (2001). *Uma educação filosófica*. São Paulo: Martins Fontes.

_____ (2003). *Dicionário filosófico*. São Paulo: Martins Fontes.

COSSUTTA, Frédéric, 1994. *Elementos para a leitura de textos filosóficos*. São Paulo: Martins Fontes.

DELEUZE, Gilles (1992). *Conversações*. Rio de Janeiro: Ed. 34.

_____ (1997). *Crítica e clínica*. São Paulo: Ed. 34.

_____ (1998). *Lógica do sentido*. 4ª ed. São Paulo: Perspectiva.

_____ (2003a). *Proust e os signos*. 2ª ed. Rio de Janeiro: Forense Universitária.

_____ (2003b). *Deux régimes de fous* (textes et entretiens 1975-1995). Paris: Minuit.

_____ (2006a). *Diferença e repetição*. 2ª ed. Rio de Janeiro: Graal.

_____ (2006b). *"A ilha deserta" e outros textos*. São Paulo: Iluminuras.

DELEUZE, Gilles e DUHÊME, Jacqueline (1997). *L'oiseau philosophie. Duhême dessine Deleuze*. Paris: Seuil.

DELEUZE, Gilles e GUATTARI, Félix (1977). *Kafka: Por uma literatura menor*. Rio de Janeiro: Imago.

_____ (1980). *Mille plateaux*. Paris: Minuit.

_____ (1992). *O que é a filosofia?*. Rio de Janeiro: Ed. 34.

_____ (1995). "20 de novembro de 1923 – Postulados da linguística". *Mil platôs*, vol. 2. Rio de Janeiro: Ed. 34.

_____ (2010). *O anti-Édipo: Capitalismo e esquizofrenia*. São Paulo: Ed. 34.

DELEUZE, Gilles e PARNET, Claire (1998). *Diálogos*. São Paulo: Escuta.

DERRIDA, Jacques (1990). *Du droit à la philosophie*. Paris: Galilée.

DESCARTES, René (1983). *Discurso do método*. 3ª ed. São Paulo: Abril Cultural. (Col. Os Pensadores)

DOUAILLER, Stéphane (2003). "A filosofia que começa: Desafios para o ensino da filosofia no próximo milênio". *In*: GALLO, Sílvio; CORNELLI, Gabriele e DANELON, Márcio (orgs.). *Filosofia do ensino de filosofia*. Petrópolis: Vozes, pp. 17-30.

EPICURO (1999). *Carta sobre a felicidade (a Meneceu)*. 1ª reimp. São Paulo: Ed. da Unesp.

FABRE, Michel (2009). *Philosophie et pédagogie du problème*. Paris: J. Vrin.

FÁVERO, Altair Alberto *et al.* (2004). "O ensino da filosofia no Brasil: Um mapa das condições atuais". *In*: GALLO, Sílvio e KOHAN, Walter (orgs.). *A filosofia e seu ensino*. Cadernos Cedes, vol. 24, n. 64, set.-dez. Campinas: Centro de Estudos Educação e Sociedade.

FERRATER MORA, José (2001). *Dicionário de filosofia* (4 tomos). São Paulo: Loyola.

FEYERABEND, Paul (1989). *Contra o método*. 3ª ed. Rio de Janeiro: Francisco Alves.

FIGUEIREDO, Vinícius de (2006). *Seis filósofos na sala de aula*. São Paulo: Berlendis & Vertecchia.

_____ (2007). *Filósofos na sala de aula*, vol. 2. São Paulo: Berlendis & Vertecchia.

FOLHA DE S.PAULO (2002). Entrevista de Michel Onfray a Alcino Leite Neto. Caderno Sinapse, 17/12, pp. 4-5.

FOUCAULT, Michel (2000). "O que é um filósofo?". *Ditos e escritos II*. Rio de Janeiro: Forense Universitária.

GALLO, Sílvio (2008). *Deleuze & a educação*. 2ª ed. Belo Horizonte: Autêntica.

_____ (no prelo). *Governamentalidade democrática e ensino de filosofia no Brasil contemporâneo*.

GALLO, Sílvio; CORNELLI, Gabriele e DANELON, Márcio (orgs.) (2003). *Filosofia do ensino de filosofia*. Petrópolis: Vozes.

GALLO, Sílvio e KOHAN, Walter (orgs.) (2000). *Filosofia no ensino médio*. Petrópolis: Vozes.

GIL, José (2000). "O alfabeto do pensamento" (Prefácio à edição portuguesa). *In:* DELEUZE, Gilles. *Diferença e repetição*. Lisboa: Relógio D'Água.

GONZÁLEZ PORTA, Mario Ariel (2002). *A filosofia a partir de seus problemas*. São Paulo: Loyola.

GRISOTTO, Américo (2007). "Ensino médio: Livros didáticos voltados ao ensino de filosofia". Relatório de pesquisa. Campinas: Faculdade de Educação da Unicamp.

KANT, Immanuel (s/d). *Fundamentação da metafísica dos costumes*. São Paulo: Cia. Editora Nacional

_____ (1959). *Crítica da razão prática*. São Paulo: Edições e Publicações Brasil Editora S/A.

_____ (2007). "Resposta à pergunta: 'Que é Esclarecimento?'". *In:* MARCONDES, Danilo. *Textos básicos de ética: De Platão a Foucault*. Rio de Janeiro: Jorge Zahar.

LATOUR, Bruno (1994). *Jamais fomos modernos*. Rio de Janeiro: Ed. 34.

LIPOVETSKY, Gilles (2004). *Os tempos hipermodernos*. São Paulo: Barcarolla.

MARCONDES, Danilo (1999). *Textos básicos de filosofia: Dos pré-socráticos a Wittgenstein*. Rio de Janeiro: Jorge Zahar.

_____ (2007). *Textos básicos de ética: De Platão a Foucault*. Rio de Janeiro: Jorge Zahar.

MORAIS, Regis (1986). *O que é ensinar*. São Paulo: EPU.

NARODOWSKI, Mariano (2001). *Comenius e a educação*. Belo Horizonte: Autêntica.

NEGRI, Antonio (2001). *Exílio*. São Paulo: Iluminuras.

NEGRI, Antonio e HARDT, Michael (2001). *Império*. Rio de Janeiro: Record.

NIETZSCHE, Friedrich (1992). *Além do bem e do mal: Prelúdio a uma filosofia do futuro*. São Paulo: Cia. das Letras.

_____ (1995). *Ecce Homo*. São Paulo: Cia. das Letras.

_____ (1997). *O nascimento da tragédia / Acerca da verdade e da mentira no sentido extramoral*. Lisboa: Relógio D'Água.

_____ (1998a). *Assim falava Zaratustra*. Lisboa: Relógio D'Água.

_____ (1998b). *Genealogia da moral: Uma polêmica*. São Paulo: Cia. das Letras.

_____ (2003). *Escritos sobre educação*. Rio de Janeiro: PUC-Rio; São Paulo: Loyola.

ONFRAY, Michel (2001). *A política do rebelde: Tratado de resistência e de insubmissão*. Rio de Janeiro: Rocco.

PASSOS, Eduardo; KASTRUP, Virgínia e ESCÓSSIA, Liliana (orgs.) (2009). *Pistas do método da cartografia. Pesquisa-intervenção e produção de subjetividade*. Porto Alegre: Sulina.

PLATÃO (2001). *Mênon*. Texto estabelecido e anotado por John Burnet; tradução de Maura Iglésias. Rio de Janeiro: Ed. PUC-Rio; São Paulo: Loyola.

RAJCHMAN, John (2004). *Deleuze un mapa*. Buenos Aires: Nueva Visión.

RANCIÈRE, Jacques (1986). "Nous que sommes si critiques...". *In*: VVAA. *La grève des philosophes: École et philosophie*. Paris: Osiris.

_____ (1996a). *O desentendimento: Política e filosofia*. São Paulo: Ed. 34.

_____ (1996b). "O dissenso". *In*: NOVAES, A. (org.). *A crise da razão*. São Paulo: Cia. das Letras.

_____ (2002). *O mestre ignorante: Cinco lições sobre a emancipação intelectual*. Belo Horizonte: Autêntica.

REBOUL, Olivier (1980). *A doutrinação*. São Paulo: Nacional/Edusp.

SARTRE, Jean-Paul (1984). *O existencialismo é um humanismo*. 3ª ed. São Paulo: Abril Cultural. (Col. Os Pensadores)

_____ (1999). *O ser e o nada*. 7ª ed. Petrópolis: Vozes.

SASSO, Robert e VILLANI, Arnaud (orgs.) (2003). *Le vocabulaire de Gilles Deleuze*. Paris: J. Vrin.

SAVATER, Fernando (2000). *O meu dicionário filosófico*. Lisboa: Dom Quixote.

_____ (2001). *As perguntas da vida*. São Paulo: Martins Fontes.

SILVA, Franklin Leopoldo (1986). "História da filosofia: Centro ou referencial?". *In*: NETO, Henrique Nielsen (org.). *O ensino da filosofia no 2º grau*. Rio de Janeiro: Seaf.

Especificações técnicas

Fonte: Sabon 11 p
Entrelinha: 16 p
Papel (miolo): Offset 75 g
Papel (capa): Cartão 250 g